AF203668

101 Dinge
die ein
Wanderer
wissen muss

BRUCKMANN

Inhaltsverzeichnis

Vorwort

101 Dinge?
Oder : Der Wanderweisheit letzter Schluss?

Zahlen haben schon was. Der Wanderfreund vergleicht die Anzahl seiner Touren, die Fernwanderin träumt von den 168 Kilometern am Rennsteig, und Bergwanderer lassen sich von der Quote »3000« faszinieren …
Aber ob in 101 Einheiten alles gesagt werden kann, was man als begeisterte Wander-Einsteigerin oder als alter Trekking-Hase wissen muss? Nun: Jedes Buch ist nur ein abstraktes Surrogat des echten Lebens. Wandern wie Bergsteigen lernt man nicht aus dicken Schmökern, sondern »by doing«, in diesem Fall: »by going«.
So versteht sich dieses Buch nicht als Lehrbuch oder als enzyklopädisches Nachschlagewerk. Es kann keinen Kurs bei einer Alpenvereinssektion oder bei einem staatlich geprüften Berg- und Skiführer ersetzen – und schon gar nicht die gewonnene Lebenserfahrung aus vielen Wanderkilometern und -höhenmetern.
Trotzdem stehen wir zwei Autoren der beiden korrespondierenden Bände »101 Dinge, die ein Wanderer wissen muss« und »101 Dinge, die ein Bergsteiger wissen muss« hinter dem Konzept und glauben, dass Ihnen, liebe Leserin und lieber Leser, die Lektüre etwas bringen kann:

- Wir haben uns bemüht, Tipps zur Wanderer- und Bergsport-Praxis auf den nützlichen Kern zu komprimieren, mit den Erfahrungen aus annähernd zweimal 60 Jahren Leben in unebener Landschaft.
- Sie finden viele Daten und Fakten aus Geschichte und Moderne Ihres Sports zusammengestellt – handverlesen und überschaubarer als in den Weiten des Internets.
- Zitate, Anekdoten und Bemerkenswertes bieten Lesespaß und schaffen Verständnis über die nackten Tatsachen hinaus.

Ganz bewusst haben wir auch subjektive Standpunkte in die Texte mit eingebracht. Sie geben dem Buch Charakter – und sollen eine Einladung dazu sein, weiterzudenken, sich daran zu reiben, eine ganz eigene Perspektive auf diese so unendlich vielfältige und reizvolle Welt des Wanderns und Bergsteigens zu entwickeln. Damit Sie nicht nur am Hüttentisch und im Freundeskreis mit Detailwissen verblüffen können, sondern auch als anregende Gesprächspartner. Wenn unsere Bücher dazu beitragen, dass Sie auf Ihren Touren Ihre Umgebung mit etwas anderen Augen sehen, sicher und mit Freude unterwegs sind, dann sind wir zufrieden.

Zwei Bücher?

Oder : Wie unterscheiden sich die zwei »101 Dinge …«-
: Bücher für Wanderer und Bergsteiger?

Es scheint so klar: Bergsteigen tut man, wenn man auf Berge steigt. Trotzdem wird um den Begriff »Bergsteigen« gerungen und diskutiert wie um wenige andere. Ob Bergsteigen eine Disziplin des Bergsports sei oder Bergsport die ambitionierte Form des Bergsteigens, darüber philosophierte der DAV 2012 in seiner Leitbild-Diskussion. Und ob Bergsteigen eine Praxisform des »Alpinismus« sei, der als allumfassender Begriff die Begegnung des Menschen mit dem Berg bezeichne – oder der Alpinismus eine besonders wilde Form des Bergsteigens, in besonders unzugänglichem, eisig-brüchigem Gebirgsgelände …

Philosophie und Begriffsklauberei beiseite: In den beiden »101 Dinge …«-Büchern unterscheiden wir zwischen Dingen, die Wanderer und die Bergsteiger wissen sollten, brauchen also eine Trennung zwischen den Begriffen, die wir dazu als Tätigkeiten in der Unebene definieren (ungeachtet der Tatsache, dass man im »Wanderbuch« auch übers Wattwandern lesen kann). Dann wird es doch wieder einfach und klar: Wo es Wege gibt, gut angelegt, gepflegt, markiert: Da ist es Wandern. Und wenn man auch ohne Weg aus-, raus- und raufkommt, dann ist es Bergsteigen.

Einfach, oder? Wenn es da nur nicht eine Grauzone gäbe, die man bitte nicht zu genau definieren möge …

1 Abstürze

Das Risiko, beim Wandern einen Absturz-Unfall zu erleiden, ist gering, doch die Möglichkeit, zu stolpern oder auszurutschen, ist fast überall gegeben (→ *Gefahrenbewusstsein*), auch im Mittelgebirge und in der Ebene, besonders dann, wenn man abgelenkt oder wenig trittsicher ist

(→ *Trittsicherheit*). Man sollte sich einfach bewusst sein, dass schon ein Sturz aus wenigen Metern Höhe schwere Verletzungen nach sich ziehen kann. Solche Stürze erfolgen abrupt, mit großer Beschleunigung, und sind kaum mit den Gliedmaßen abzufangen, ein Abfedern mit Füßen und Beinen und ein anschließendes Abrollen, um die Sturzenergie abzubremsen, ist kaum möglich. Ein ungebremster Sturz aus zwei Metern Höhe auf den Kopf und auf harten Untergrund endet meist tödlich – die erforderliche »Knautschzone« von 20 Zentimetern bildet in diesem Fall der Schädel, und die Folgen kann man sich vorstellen. Generell sollte man sich bewusst im → *Gelände* bewegen, besonders dort,

Kaum zu glauben

Der 60-jährige US-Amerikaner Darren Taylor, bekannt als »Professor Splash«, sucht mit seinen (Ab-)Stürzen Ruhm und Ehre: Aus großer Höhe springt er in Planschbecken mit möglichst wenig Wasser. 2011 stürzte er sich aus 11 m Höhe in ein Minibecken mit 30 cm tiefem Wasser und stellte damit seinen eigenen Weltrekord ein.

wo erhöhte Sturzgefahr besteht, z.B. von einer Mauer oder einer steilen Böschung am Wegesrand oder von einer Felsklippe am Gipfel.

Abstürzen kann man auch auf ungefährlichem Terrain, etwa vom Balkon einer → *Unterkunft*, dann aber weniger, weil der Vorbau morsch war, sondern eher, weil man während des Hüttenabends zu tief ins Glas geguckt hat und zu viel Alkohol zum Funktionsausfall und Kontrollverlust führt. Derlei Abstürze büßt man spätestens am nächsten Tag – und die Mitwanderer leiden meist schon in der Nacht, wenn sie wegen nervigem Schnarchen nicht schlafen können … Eine weitere Absturzgefahr kann die unentbehrlich geworde-

nen Begleiter GPS-Gerät (→ *GPS*) und Smartphone betreffen: Verabschiedet sich der digitale Wanderpartner – und sei es nur, weil man vergessen
hat, den Akku aufzuladen – und damit der Zugriff auf Wetterprognose,
Toureninfo, GPS-Daten oder Kartenmaterial, hilft die gute, altmodische
Papierkarte weiter (→ *Kartenlesen*).

Allgäu

Oder ⋮ Viel mehr als nur schön

2

Das Allgäu umfasst geografisch die Landschaft im Süden des bayerischen
Regierungsbezirks Schwaben, die mit dem Württembergischen Allgäu
auch nach Baden-Württemberg hineinreicht. Das Allgäu steht aber auch
als »Marke« für Werte wie Naturverbundenheit, Bodenständigkeit, Zu-
verlässigkeit, Fleiß, Pragmatismus und Findigkeit. Die Allgäuer selbst
verkörpern diese Werte, wenn sie im kernigen Dialekt von ihrer Heimat
schwärmen, wo die Welt noch in Ordnung ist, und an der sie so sehr hängen, dass sie kaum von dort wegzukommen sind. Wen wundert es da,
dass das Land zwischen Lindau und Füssen, Mindelheim und Oberstdorf
zu den beliebtesten deutschen Ferienregionen zählt. Gäste schätzen besonders die vielen Naturschätze und kulturellen Angebote. Und Wanderer
finden eine überaus abwechslungsreiche Landschaft vor, die im Süden die
höchsten Gipfel der Allgäuer Alpen zwischen weiten Alpen, steilen Gras-
bergen und wilden Felsgipfeln versammelt, während das nördlich vorgela-
gerte Berg- und Hügelland mit seiner reizvollen Moränenlandschaft, den
mittelgebirgsartigen Bergen, Seen und Weihern sowie den Mooren und
Tobeln von der letzten Eiszeit vor etwa 20 000 Jahren zeugt. Hier und auf
den Alpweiden in den Höhenlagen (→ *Almwirtschaft*) ist die fürs Allgäu
wichtige Grünlandwirtschaft zu Hause, liefern die bildschönen braunen
Allgäuer Kühe ihre Milch für herrlich knackigen Emmentaler und wür-
zigen Bergkäse.

Am Allgäuer Hauptkamm

Zwischen Sonthofen/Oberstdorf mit dem politisch zu Österreich gehörenden Kleinwalsertal im Westen und Bad Hindelang/Hinterstein im

Osten lockt der Allgäuer Hauptkamm mit einem Kranz von etwa hundert Gipfeln, die über Bergwege, alpine Pfade, drei große Klettersteige – der bekannteste ist der Heilbronner Weg –, einige Bahnen/Lifte und viele oft volle Berghütten hervorragend erschlossen sind. Unter den vielen lohnenden Wanderungen seien erwähnt: der Ausflug in die bis 90 Meter tiefe tosende Breitachklamm, der Aufstieg übers verkarstete Gottesackerplateau auf den pultdachartigen Gipfel des Hohen Ifen (2230 m) und die Abstecher in die Stichtäler von Spielmannsau und Einödsbach sowie ins Oytal, die alle auch mit dem Rad machbar sind. Als alpine Mehrtagestour führt der Jubiläumsweg von Hütte zu Hütte, mit berühmten Gipfeln wie Mädelegabel, Hohes Licht, Trettachspitze, Höfats, Schneck und Hochvogel als Kulisse. Markant sind hier die Allgäuer Steilgraswiesen mit ihrem Blumenreichtum.

Reizvolle Grate, wilde Täler

Hervorragend und in überwiegend leichtem Gelände wandert man in den Allgäuer Voralpen, z. B. im Naturpark Nagelfluhkette. Vom Hochhädrich bei Hittisau bis zum Mittag oberhalb Immenstadt reiht sich auf etwa 24 Kilometern Strecke ein gutes Dutzend Gipfel aneinander, die man in einer reizvollen, teils mittelschweren Gratwanderung überschreiten kann. Etwa in der Mitte liegt das Staufner Haus (von Steibis auch mit der Hochgratbahn zu erreichen), ein guter Stützpunkt, um in beide Richtungen loszuziehen und die Blumenpracht auf den Bergwiesen und die weiten Ausblicke ins Vorland und zur Allgäuer Hauptkette zu genießen. Sieben Gipfel warten nach Osten bis zum Mittag (1451 m; Abfahrtsmöglichkeit mit der Mittagbahn), Abstiegsvarianten gibt es nach dem Hochgrat (1834 m) und dem Rindalphorn (1821 m), danach bietet nur die urige Alpe Gund unterhalb des Stuiben (1749 m) Einkehr und wenige Übernachtungsplätze. Nach Westen hat man fünf Berge bis zum Hochhädrich (1565 m) vor sich, etwa auf halber Strecke kann man in der Falkenhütte unterbrechen. Auch das wilde Ostrachtal ab Hinterstein bietet viele schöne Bergtouren. Direkt beim Wanderparkplatz beginnt der Aufstieg zur urigen Willersalpe. Gipfelausflüge vom herrlichen Alpkessel führen auf Ponten oder Geißhorn, und wer westseitig am anspruchsvollen Rauhhorn vorbei zum grün schillernden Schrecksee weiterwandert, kann wieder ins Ostrachtal absteigen und mit dem Shuttlebus zurückfahren.

Wanderspaß im gesamten Allgäu bietet das knapp 900 Kilometer lange Wegenetz der »Wandertrilogie Allgäu«: Drei Routen mit 49 Etappen in drei Höhenlagen bieten die Möglichkeit, als »Wiesengänger«, »Wasserläufer« oder »Himmelsstürmer« die unterschiedlichen Allgäuer Landschaften und ihre Geschichten nach individuellem Gusto zu erleben.

Ammergauer Alpen

Oder : Im größten Naturschutzgebiet Bayerns

3

Die Ammergauer Alpen, auch Ammergebirge genannt, sind Teil der Nördlichen Kalkalpen, etwa 900 Quadratkilometer groß, erstrecken sich zu etwa 75 Prozent auf bayerischem, zu 25 Prozent auf Tiroler Gebiet und werden von den Ortschaften Füssen, Oberammergau, Garmisch-Partenkirchen, Ehrwald und Reutte eingerahmt. Der höchste Gipfel, der Daniel (2340 m), liegt in Tirol, ebenso wie die fjordartig eingeschnittenen Seen Plansee und Heiterwanger See; im bayerischen Teil ist die Ammergauer Hochplatte (2082 m) der höchste Berg: Hier liegen Alp-, Schwan- und Bannwaldsee. Die Ammergauer Alpen sind ausgesprochen dünn besiedelt und naturnah – auf bayerischem Gebiet erstreckt sich mit 288 Quadratkilometern Fläche im Naturschutzgebiet Ammergebirge das größte Schutzgebiet des Freistaats. Dort wurde auch die Ausweisung eines → *Nationalparks* diskutiert.

Tour-Vergnügen von entspannend bis abwechslungsreich

Als Urlaubs- und Wanderregion bieten die Ammergauer Alpen mit ihren 500 Kilometern Wanderwegen ein breites Spektrum auf entspannenden Talwanderungen, abwechslungsreichen Höhenwegen und Gipfelwanderungen von leicht bis anspruchsvoll. Durch das zauberhafte Tal der Ammer wandern und dabei vom Alltag abschalten kann man beispielsweise auf dem »Meditationsweg Ammergauer Alpen«, der von der berühmten Wieskirche in Steingaden über 87 Kilometer und 15 Stationen bis zum von König Ludwig II. erbauten Schloss Linderhof im Graswangtal führt.

Die meisten Gipfel im Ammergebirge lassen sich gut auf einer Tagestour besteigen, wobei nur im bayerischen Teil einige Bergbahnen und wenige Berghütten die Wanderer unterstützen. Von Bad Kohlgrub etwa führt eine leichte Wanderung mit optionaler Nutzung der Hörnle-Bahn zur Hörnle-Hütte und über die drei grünen Hörnle-Gipfel (Hinteres Hörnle 1548 m); von Unterammergau erreicht man über das August-Schuster-Haus/Pürschlinghaus den Teufelsstättkopf (1758 m), während von Oberammergau aus der Kolbensattel mit Abstecher auf den steilen Kofel (1342 m) oder die Auffahrt mit der Laberbahn lohnen, von deren Bergstation man Richtung Ettaler Manndl (1633 m) wandert. Letzteres ist auch mit Ausgangspunkt Kloster Ettal zu besteigen (sehenswert: die Schaukäserei Ammergauer Alpen). All diese kleineren Gipfel offerieren ausgezeichnete Aussichten auf das Alpenvorland und die hohen Gipfel des Wettersteingebirges mit der alles beherrschenden → *Zugspitze*.

Etwas höher hinauf führen die Bergwanderungen mit Startpunkt im Graswangtal. Vom Ettaler Sattel kann man Richtung Notkarspitze (1889 m) oder auf den ruhigen Brünstlskopf (1814 m) steigen, wo eine anregende Kammwanderung über weitere grüne Gipfel ansetzt. Das naturbelassene Graswangtal bietet Zugang zu vielen weiteren Bergtouren: Von Schloss Linderhof zieht ein gepflegter Weg zu den Brunnenkopfhäusern mit dem Hausgipfel Brunnenkopf (1718 m) und weiter zur Klammspitze (1924 m) mit ihrem anregenden Südgrat. Weitere Wanderparkplätze sind Ausgangspunkte zur Scheinbergspitze (1929 m) oder zur prominenten Ammergauer Hochplatte (2082 m), die man überaus lohnend teils auf ausgesetztem Steig überschreiten kann. Südlich des Tals zweigen einige Pfade auf noch einsamere Gipfel ab, z. B. zum Kienjoch (1953 m) oder zur anspruchsvolleren Kreuzspitze (2185 m).

In die Weite wandern

Von Allgäuer Seite lockt das weltberühmte Schloss Neuschwanstein mit dem Hausberg Säuling (2047 m), und von Halblech startet der Kleinbus-Shuttle zur Kenzenhütte, die gleich einer Wald-Oase mitten im dichten

Bergwald des Naturschutzgebiets liegt. Von der privat geführten Hütte lassen sich kleinere und größere Bergausflüge unternehmen, etwa der leichte »Kesselrundweg« über den Bäckenalmsattel, von wo in einer ausgedehnten Tagestour auf mittelschwerer Höhenwanderung die Klammspitze und die Brunnenkopfhäuser erreicht werden können. Diese Tour ist Teil der West-Ost-Durchquerung der Ammergauer Alpen, die man in einem weiteren Tag über den Sonnenberggrat zum August-Schuster-Haus/Pürschlinghaus fortsetzen kann – diese Route ist Teil der → *Fern- und Weitwanderwege* Maximiliansweg, Via Alpina und E 4.

Almwirtschaft

Oder : Saison-Bauernhof auf zwei Etagen

4

Im bayerisch-österreichischen Raum heißen sie »Almen«, im alemannisch-schweizerischen »Alpen«: Auf jeden Fall gehören die während der Sommerzeit benutzten Bergweiden, Almgebäude und -straßen untrennbar zur alpenländischen Kulturlandschaft, und es wird kaum einen Wanderer und Bergsteiger geben, der dort nicht gern zu einer zünftigen → *Brotzeit* einkehrt. Dank des Wanderbooms der letzten Jahre sind viele Almen als Jausenstationen gefragt und zu einer wichtigen Einnahmequelle für die Almbauern geworden, die auf ihrer Alm idealerweise auch von der Sennerin oder vom Senner erzeugte Produkte wie Milch, Buttermilch, Käse etc. anbieten. Bei Saisonalmen, wo die Bewirtschaftung von Gästen neben dem traditionellen Almbetrieb läuft, ist das häufig der Fall. Diese Almen mit Milchwirtschaft heißen Melkalmen oder Schwaigalpen, diejenigen ohne Milchverarbei-

Kaum zu glauben

Im Bregenzer Wald sind die bäuerlichen Strukturen bis heute erfolgreich intakt. Ein berühmtes Produkt ist der regionale Bergkäse. Die UNESCO hat das gemeinschaftliche Engagement belohnt und die Dreistufenwirtschaft des Bregenzer Walds 2011 zum »Immateriellen Kulturerbe der Menschheit« erklärt.

tung Galtalmen. Dort verbringt das Jung- oder Galtvieh schließlich den Sommer, also weibliche Rinder (Färsen, Kalbinnen), die noch keinen eigenen Nachwuchs geboren haben, sowie junge Stiere und Ochsen unter zwei Jahren.

Traditionelle Dreistufenwirtschaft

Abhängig von Witterung und Höhenlage beginnt die Almsaison mit der Bestoßung der Almen, dem Almauftrieb, meist um Pfingsten und dauert bis in den September, um mit dem Almabtrieb und dem anschließenden Viehscheid zu enden. Heute »sömmern« oft hochgezüchtete Rinder auf der Alm, mit deutlich höherem Gewicht als die ursprünglichen, dem Hochgebirge angepassten Rassen, was die Grasdecke der Almwiesen stärker schädigt. Die »Viehgangeln«, also die Trittspuren am Hang, werden tiefer ausgetreten und reißen leichter auf, was zur Bodenerosion führt. Traditionell umfasst die Almwirtschaft in der sogenannten Dreistufenwirtschaft den Bauernhof im Tal, die Mittelalm (Niederleger, untere Alm, Maiensäss, Unterstafel) und die Hochalm (Oberleger, Oberstafel). Während die Mittelalm mit bis etwa 1500 Metern Höhenlage im Frühjahr und noch mal einige Wochen im Herbst benutzt wird, beweidet das Rindvieh (und in geringem Maß auch Pferde) die Hochalmen über 1500 Metern Höhe im Hochsommer. Noch höher gelegene alpine Regionen bleiben Schaf- und Ziegenherden vorbehalten, die den Almsommer über oft frei ziehen können.

Lieb gewonnene Bergidylle

Viele Wanderer und Bergsteiger sind sich nicht bewusst, wie sehr die Almwirtschaft das Landschaftsbild in den Nordalpen prägt. Ohne das landschaftspflegerische Wirken der Almbauern stünde hier bis auf etwa 1500 Metern Höhe durchgehend Wald – und die liebgewonnene Bergidylle, die durch den Wechsel von Bergwald, freien Weiden und schroffen Felsflächen so reizvoll ist, gäbe es nicht. Das Weidevieh hält die Almwiesen offen und sorgt damit auch für den bunten Mix von Gräsern, Blumen und Kräutern, die sonnenbeschienene Standorte brauchen; die Bauern »schwenden« nachwachsendes Gebüsch. Lässt man Almen auf, wachsen die vor Jahrhunderten mühevoll vom Menschen gerodeten Flächen relativ schnell innerhalb von 30 bis 60 Jahren wieder zu. Daran kann man beim nächsten Almeinkehrschwung ja einmal denken.

Und wie viele Almen gibt es eigentlich? In Bayern geht man von etwa 1400 Almen aus, mit der größten Dichte im Oberallgäu; das österreichische Almkataster zählte 2016 ca. 8100 Almen, davon etwa 580 Melkalmen.

Alpen

Oder : Das schönste Gebirge der Welt

5

Mit ihren landschaftlichen Extremen und einem reichen Natur- und Kulturerbe gehören die Alpen zu den faszinierendsten Gebirgsregionen der Erde. Im Herzen Europas gelegen, waren sie über Jahrtausende ein gewaltiges Hindernis für die Menschen, unwirtlich und gefährlich für alle, die sie z. B. als Händler und Säumer überqueren mussten. Erst im 18. Jahrhundert erweiterte sich der Blick mit den aufklärerisch-wissenschaftlichen Erkundungen etwa eines Horace-Bénédict de Saussure, der auch die Schönheit der Bergwelt beschrieb. Langsam rückte die »reine und mächtige Bergnatur« ins Interesse, und aufstrebende Bürger entdeckten das herausfordernde Spiel, die Alpengipfel zu besteigen.

Was englische »sportsmen« im »playground of Europe« begannen, entwickelte sich zu einem Bergtourismus, der weite Teile der Alpen intensiv erschloss und heute Millionen Besucher anzieht. Auf den modernen »Spielplätzen« wollen Erholung suchende Anwohner und Urlauber, aktive Bergsportler, gesundheitsorientierte Kurgäste oder kulturell Interessierte ihre Wünsche ausleben. Im Winter sind die alpinen Skizentren zu einem weltweit nachgefragten Ziel avanciert, und auch der Sommertourismus entwickelt sich weiter: Die »Sommerfrische« der eleganten Belle Époque ist längst passé; heute geht es darum, massenhafte Bedürfnisse nach Erholung und Freizeitvergnügen zu stillen.

Wirtschaft und Tourismus

Die Alpen erstrecken sich über etwa 200 000 Quadratkilometer Fläche in einem 1200 Kilometer langen, zwischen 150 und 250 Kilometer breiten Bogen vom Ligurischen Meer bis zum Pannonischen Becken hinter Wien. Etwa 13 Millionen Menschen leben im Alpenraum, den sich die acht Alpenstaaten Österreich, Italien, Frankreich, Schweiz, Deutschland, Slowenien, Liechtenstein und Monaco aufteilen (Reihenfolge nach dem Landesanteil an der Alpen-Gesamtfläche). Wirtschaftlich relevant sind hauptsächlich die großen Alpentäler entlang der wichtigen Verkehrstrassen von Nord nach Süd und von West nach Ost und die Alpenrandlagen, wo viele der größeren Alpenstädte liegen. Hier stößt die dichte Besiedelung an räumliche Grenzen, während Regionen, die über Jahrhunderte bergbäuerlich kultiviert waren, unter Entvölkerung leiden – besonders stark in Frankreich und Italien. Über 40 Prozent der Alpenfläche schließlich sind gar nicht oder nicht ständig besiedelt.

Wie Handel, Gewerbe und Industrie konzentriert sich auch der Tourismus auf bestimmte Täler und Zentren, während »nebenan« Niemandsland ist. Was hier fehlt, führt dort zu Auswüchsen, die inzwischen die Grenzen der Verträglichkeit für die betroffene Region und ihre Bewohner überschreiten. Immer häufiger werden Schäden festgestellt, die der zunehmende Verkehr, die fortschreitende Verstädterung, die steigende Müll- und Abwasserbelastung und immer auffälligere Erschließungsvorhaben verursachen. Organisationen wie die Alpenkonvention, die Arge Alp oder die CIPRA befassen sich mit dieser Problematik, und auch die EU sieht in einem »Europa der Regionen« Handlungsbedarf und versucht, in den Alpen länderübergreifende Maßnahmen in Sachen Transportsysteme, Infrastruktur, Schutz der Umwelt und der Ressourcen zu fördern.

Kaum zu glauben

Das Alpine Museum in München hat 2014 für die Ausstellung »Alpen unter Druck« interessante Zahlen erhoben: Demnach gab es in den Alpen 7,3 Mio. Gästebetten, geschätzte 60 Mio. Tagestouristen und 95 Mio. Mehrtagesgäste, die 464 Mio. Übernachtungen pro Jahr generierten.

Geologie und Klima

Geologisch betrachtet sind die Alpen ein junges Faltengebirge mit charakteristischem Decken-Aufbau, komplex aufgefaltet durch die Verschiebung von afrikanischer, adriatischer und europäischer Kontinentalplatte. Was im Erdmittelalter (Mesozoikum) vor etwa 135 Millionen Jahren mit der sogenannten alpidischen Orogenese (= Gebirgsentstehung) begann, hält – wenn auch abgeschwächt – bis heute an: Die Kontinentalplatten bewegen sich etwa fünf Zentimeter pro Jahr aufeinander zu, und die Alpen wachsen jährlich einen Millimeter in die Höhe. Die heutige Form mit schroffen Felswänden, scharfen Graten und tiefen, steil eingeschnittenen Tälern bewirkte die Erosion, vor allem die abtragende Kraft der → *Gletscher* und Flüsse, des Frosts, der Winde und der Sonne.

Als eine der wichtigsten europäischen Klimascheiden trennen die Alpen den zentralen Mittelmeerraum mit mediterranem Klima vom atlantisch beeinflussten mitteleuropäischen Klima; am Ostrand ist das Klima kontinental beeinflusst. Die wichtigsten Einflüsse auf das kleinräumige Alpenklima haben die Winde: milde, feuchte Westwinde vom Atlantik, kalte Polarluft aus dem Norden, trockene Luftmassen von Osten und warm-mediterrane Luft von Süden, die ihre typischen Staulagen ausbilden. Bekannt ist der Föhn, ein warmer Fallwind, der bei Südstaulage als Südföhn und seltener in der Gegenrichtung als Nordföhn auftritt. Über klimatische Auswirkungen hinaus reichen in den Alpen die Folgen des → *Klimawandels*.

Geografie und Einteilung

Die Gebirgsstöcke im westlichen Alpenbogen sind deutlich höher als im östlichen Teil. Dort liegen die höchsten Pässe, je nach Zählung zwischen 80 und knapp 130 Viertausender und der mit 4810 Metern höchste Alpengipfel, der Mont Blanc. Im Osten reichen die Gipfel bis knapp unter die 4000-Meter-Marke (z. B. Ortler 3905 m, Großglockner 3798 m).
In Österreich, Südtirol und Deutschland teilt man die Alpen in West- und Ostalpen ein. Diese geologische Zweiteilung zieht die Grenze etwa an der Linie Rheintal–Comer See und ist auch Grundlage für die Alpenvereinseinteilung der Ostalpen. Demnach ist der Piz Bernina (4049 m) in Graubünden der einzige Viertausender der Ostalpen. Die in Italien und Frankreich bevorzugte Dreiteilung der Alpen in West-, Zentral- und Ostalpen greift historisch-geografische Kriterien auf. Hier reichen die Westalpen vom Mittelmeer bis zur Linie Aostatal–Mont Blanc, die Zentralalpen bis zum Brennerpass und die Ostalpen vom Brenner bis nach Slowenien.

Alpenblumen

Oder : Welche man auf jeden Fall kennen muss

Von den etwa 4500 Pflanzenarten in den Alpen sind rund 650 Blütenpflanzen. Sie gedeihen regional unterschiedlich, je nach bevorzugtem Untergrund auf dem Kalkstein (Sedimentgestein) der Südlichen und Nördlichen Kalkalpen oder auf dem Silikatgestein (Gestein aus der Erdkruste) in den Zentralalpen. Oft gibt es auch nahe verwandte Arten, die sich auf dem jeweiligen Untergrund angepasst haben. Alpenrose, Edelweiß und Enzian sind die bekanntesten drei Bergblumen.

ALPENROSE Die Alpenrose ist so beliebt, dass sie häufig auch im Tal »blüht«, wo viele Gasthäuser, Pensionen und Hotels nach dem immergrünen Rhododendrongewächs benannt sind. Der stark buschig wachsende Strauch aus der Familie der Heidekrautgewächse (*Ericaceae*) wird 20 bis 100 Zentimeter groß und taucht während der Blütezeit von Mai bis Juli ganze Berghänge in leuchtend helles Rot – daher auch der Name »Almrausch« oder »Almenrausch«.

Zwei Arten von Alpenrosen kommen in den Alpen vor: Die **Bewimperte Alpenrose** (*Rhododendron hirsutum*) gedeiht in Höhenlagen zwischen 600 und 2500 Metern in den Ostalpen, vor allem in den Nördlichen und Südlichen Kalkalpen. Sie wächst nur auf Kalk, kommt in den Zentralalpen selten vor und bevorzugt kalkreiche Krummholzgebüsche, Kalkschutt, Geröll und steinige Hänge als Standort, ist aber auch in lichten Föhrenwäldern und im Latschenbereich anzutreffen. An ihren bewimperten Blättern mit grüner Unterseite kann man sie von der **Rostblättrigen Alpenrose** (*Rhododendron ferrugineum*) unterscheiden, die ihrerseits Silikatgestein liebt und deshalb bevorzugt in den Zentral- und Westalpen und nur vereinzelt in den Kalkalpen zu finden ist. Die Oberseite ihrer Blätter ist glänzend dunkelgrün und kahl, während die Unterseite zunächst gelblich ist und sich im Alter durch Schuppenhaare rostbraun einfärbt – daher der deutsche Name. Die Rostblättrige Alpenrose ist auch in den Pyrenäen, im Apennin, in den Karpaten und auf dem Balkan verbreitet. Im Winter braucht sie eine schützende Schneedecke, um nicht zu erfrieren.

Alpenrosen sind, wie viele andere Rhododendron-Arten, stark giftig. Besonders gefährdet sind Kühe, wenn sie die Pflanzen mangels anderer Futterpflanzen fressen. Hobbygärtner können Alpenrosen auch in Gartenkultur anpflanzen – sie brauchen saure Bodenverhältnisse, wie die meisten Rhododendren. Im Signet der → *Naturfreunde* tauchen drei stilisierte Alpenrosenblüten auf.

EDELWEISS   Keine Pflanze steht symbolträchtiger für die Alpen als das zur Familie der Korbblütler (*Asteraceae*) zählende Edelweiß, besser gesagt das **Alpen-Edelweiß** (*Leontopodium nivale*). Denn die Gattung Edelweiß (*Leontopodium*) umfasst mehrere Dutzend Arten, die in Eurasien und Nordamerika verbreitet sind – allein in China gibt es über 30 Arten. Aus den zentralasiatischen Hochsteppen wanderte das Edelweiß auch in die Alpen ein, als nach der letzten Eiszeit die Gletscher abgeschmolzen und die vegetationsfreien Alpen der Steppen-Heimat der Pflanze ähnlich waren.

Das ausdauernde krautartige Edelweiß wird fünf bis 20 Zentimeter hoch, ist wollig-filzig behaart mit schmalen, etwa fünf Zentimeter langen Laubblättern, deren Unterseite auch stark behaart ist. Fünf bis 15 weiß glänzende Hochblätter formen den berühmten mehrzackigen weißen Edelweißstern als Scheinblüte mit biologischer Schaufunktion. Den eigentlichen Blütenstand bilden viele Hundert sehr schmale weißgelbe Röhren- oder Fadenblüten, die in mehreren Blütenkörben in der Mitte des Sterns sitzen. Zum Rand der Teilblütenstände

Kaum zu glauben

Der belgische Physiker Jean-Pol Vigneron hat herausgefunden, dass die Filzhaare des Edelweiß-Sterns aus Fasern mit 0,18 Mikrometern (tausendstel Millimeter) Durchmesser bestehen, was der Wellenlänge der UV-Strahlung entspricht und zu deren Absorption führt. Das übrige Licht dringt für die Fotosynthese durch.

hin sind diese Blüten weiblich, während die größeren männlichen Blüten einwärts stehen. In der Blütezeit zwischen Juli und September bestäuben Fliegen, Hautflügler, Falter und Käfer die Pflanzen. Der blendend weiße Schimmer des Edelweiß-Sterns entsteht durch unzählige kleine Luftbläschen, die im dicht gewobenen Haarfilz das einfallende Licht reflektieren. Dies lockt Insekten an und schützt vor Verdunstung und Wärmeverlust.

Das Alpen-Edelweiß bevorzugt felsige Kalksteinumgebung zwischen 1800 und 3000 Metern Höhe, steht auf Felsbändern, steinigen Wiesen und Rasen, aber auch auf Almwiesen – und ist stark gefährdet. Schon Ende des 19. Jahrhunderts wurde es unter Naturschutz gestellt, als es mit dem massenhaft auftretenden Bergtourismus schnell ein begehrtes Souvenir wurde. In Erinnerung ist noch die Edelweiß-Wache an der Höfats im Allgäu, die Bergwachtangehörige von 1935 bis 2007 durchführten (s. → *Naturschutz*). Als Wappenpflanze ziert das Edelweiß in unterschiedlichen Varianten die Logos von Alpenvereinen, Bergwacht und Gebirgsjägern – und ist zum beliebten Werbeträger für viele Produkte avanciert.

ENZIAN Bis 400 Arten zählt die Pflanzengattung der Enziane (*Gentiana*), die, abgesehen von Afrika, weltweit verbreitet ist – vorwiegend in den Gebirgen der gemäßigten Zonen auf der Nordhalbkugel, aber auch in den Anden Südamerikas. In Europa wachsen gut 30 Arten, vor allem in den Alpen bis in über 3000 Metern Höhe. Beim Wandern trifft man häufig auf den **Alpen-Enzian** (*Gentiana alpina*) mit seinem einzelnen großen Blütenkelch in leuchtendem Dunkelblau – der idealtypische Enzian. Bekannt sind auch der hellblaue **Bayerische Enzian** (*Gentiana bavarica*), der umgangssprachlich »Schusternagerl« genannte kleine dunkelblau blühende **Frühlings-Enzian** (*Gentiana verna*) oder der »stängellose Enzian«, hinter dem sich der kräftig blaue **Clusius-Enzian** (*Gentiana clusii*) oder der **Kochsche Enzian** (*Genitana acaulis*) verbergen, für den der auf der Innenseite olivgrün gefleckte Blütenkelch typisch ist.

Leicht zu bestimmen sind auch der bis 60 Zentimeter hohe **Ostalpen-Enzian**, auch **Pannonischer Enzian** oder **Ungarischer Enzian** (*Gentiana pannonica*) mit seinen gehäuft angeordneten rotvioletten Blüten und der kräftige **Gelbe Enzian** (*Gentiana lutea*), der bis über einen Meter groß wird. Aus den Wurzelstöcken dieser beiden großwüchsigen Gentiana-Arten wird der Enzian-Schnaps gebrannt, der mit kräftigem Aroma durch die Kehle rinnt. Sein typischer bitterer Geschmack ist den Bitterstoffen Gentianopecrin und Amarogentin zu verdanken, den bittersten natürlichen Substanzen der Welt, die selbst in sehr hoher Verdünnung noch deutlich wahrnehmbar sind. Dank ihrer Bitterstoffe können sich Enzian-Arten auch gut auf beweideten Almwiesen halten – das Weidevieh hat kein Interesse daran.

Die europäischen Enzian-Arten sind geschützt, dürfen nicht gepflückt oder ausgegraben werden. Deshalb stammt ein großer Teil des für die Schnaps- und Arzneimittelherstellung benötigten Enzians aus Ackerkulturen.

7 Alpenvereine

Oder : Wen gibt es außer dem DAV?

ALPINE CLUB Der älteste Bergsteigerverein der Welt wurde am 22. Dezember 1857 in London gegründet; erster Präsident war John Ball, der Erstbesteiger des Monte Pelmo. Lange war der Club eine reine Männergesellschaft – englische Bergsteigerinnen organisierten sich ab 1907 im

Ladys' Alpine Club; erst 1974 wurden Frauen aufgenommen. Viele starke britische Bergsteiger, die die Alpinismusgeschichte voranbrachten, gehörten dem Club an, etwa Leslie Stephen, Horace Walker, Geoffrey Winthrop Young, Lord John Hunt, Chris Bonington, Doug Scott oder Mick Fowler. Das jährlich erscheinende »Alpine Journal« ist eine Dokumentation des heutigen »Cutting-Edge-Alpinismus«.

ÖAV Der größte Bergsteigerverein Österreichs entstand am 19. November 1862 in Wien als zweiter Alpenverein weltweit. Heute (Stand 2020) gehören rund 600 000 Mitglieder den 196 Sektionen an, die rund 230 Hütten betreiben und 26 000 Kilometer Berg- und Wanderwege pflegen. Mit rund einer Million Hüttenbesuchern ist der Österreichische Alpenverein der größte Beherbergungsbetrieb Österreichs; sein Sitz ist in Innsbruck. Zur gemeinsamen Geschichte mit dem → *DAV* s. dort. Fürs Wettkampfklettern ist in Österreich der ÖWK verantwortlich.

VAVÖ Im Verband Alpiner Vereine Österreichs sind alle bedeutenden Bergsteigerorganisationen des Alpenlands zusammengefasst, mit insgesamt über 750 000 Mitgliedern in über 670 Ortsgruppen/Sektionen. Er wurde 1949 gegründet und umfasst neben dem ÖAV die Naturfreunde Österreich (160 000 Mitglieder), den Österreichischen Touristenklub (25 000 Mitglieder) und weitere kleinere Gruppierungen. Der VAVÖ bildet Wanderführer und Bikeguides aus und koordiniert die Interessenvertretung seiner Mitgliedsverbände.

CAI Der Club Alpino Italiano ist der Alpenverein Italiens; er wurde am 23. Oktober 1863 in Turin gegründet, hat seinen Sitz in Mailand und verzeichnet 320 000 Mitglieder in rund 500 Sektionen mit 774 Hütten. Eines seiner Highlights war 1954 die Erstbesteigung des K2 durch eine vom CAI organisierte Expedition.

AVS Der Alpenverein Südtirol entstand 1946 als Vereinigung der Bergsteiger deutscher und ladinischer Muttersprache in Südtirol mit Sitz in Bozen; heute hat er gut 70 000 Mitglieder in 35 Sektionen. Er arbeitet in vielen Bereichen mit dem DAV und dem ÖAV zusammen, beispielsweise als Mit-Herausgeber des Alpenvereins-Jahrbuchs.

SAC Am 19. April 1863 gründeten 35 Herren im Bahnhofsbuffet Olten den Schweizer Alpen-Club; heute hat der SAC oder auf Französisch CAS (Club Alpin Suisse) rund 150 000 Mitglieder in 111 Sektionen und unterhält 153 Berghütten. Im Jubiläumsjahr 2013 hat mit Françoise Jacquet erstmals eine Frau den Vorsitz – 1907 waren Frauen aus dem SAC ausgeschlossen worden, sie wurden erst nach der Fusion mit dem Schweizerischen Frauen-Alpenclub 1980 wieder aufgenommen. Gemeinsam mit der REGA, der Schweizerischen Rettungsflugwacht, hat der SAC die Stiftung Alpine Rettung Schweiz gegründet. Er betreibt eine große Bibliothek und unterstützt das Alpine Museum der Schweiz in Bern.

CAA Der Club Arc Alpin vereint als Dachverband die großen Bergsportverbände des »Alpenbogens« (arc alpin): Neben DAV, ÖAV, CAI, AVS und SAC sind das auch der Club Alpin Français (FFCAM), der Liechtensteiner Alpenverein (LAV) und der Slowenische Alpenverein (PZS) mit zusammen zweieinhalb Millionen Mitgliedern. Der CAA wurde 1995 in Liechtenstein gegründet, um den Informationsaustausch auf internationaler Ebene zu fördern und die speziellen Interessen der Alpenanrainer-Vereine besser vertreten zu können als die weltweit organisierte UIAA (s. u.). Seine Arbeitsgebiete sind Alpinismus, Naturschutz und die alpine Raumordnung; dafür gibt es die drei Kommissionen »Naturschutz und alpine Raumordnung«, »Bergsport, Ausbildung und Sicherheit« und »Hütten und Wege«.

UIAA Die Union Internationale des Associations d'Alpinisme, also die internationale Vereinigung der Alpenvereine, verbindet rund 90 Bergsteiger-Organisationen aus 69 Ländern. Sie wurde 1932 in Chamonix gegründet und betreibt Kommissionen u. a. für Sicherheit, Bergsteigen und Zugang zur Natur. Als anerkannte Instanz profilierte sie sich vor allem durch die UIAA-Skala zur Bewertung von Felskletter-Schwierigkeiten. Die UIAA-Normen definieren wegweisende Sicherheitsmaßstäbe für Bergsportausrüstung. Auch für die Viertausender der Alpen wird die UIAA-Liste als verbindlich betrachtet. Für die Organisation von Kletterwettkämpfen spaltete sich 2007 die selbstständige International Federation of Sport Climbing (IFSC) ab; das ISMC (International Council for Ski Mountaineering Competitions) organisiert als Untergrupe der UIAA Skibergsteiger-Wettkämpfe. Aus Unzufriedenheit mit der politischen Vertretung traten 2008 DAV, ÖAV und VAVÖ aus der UIAA aus; nach strukturellen und strategischen Änderungen stiegen sie 2013 wieder ein.

Alpinismus

Oder ⋮ Wenn Mensch und Berg sich begegnen

»Wo Mensch und Berg aufeinandertreffen, ereignen sich große Dinge, die sich im Gedränge der Straßen nicht verwirklichen lassen«, soll der englische Dichter William Blake (1757–1827) geschrieben haben. Das Zitat lässt ahnen, welche Potenziale im Wort Alpinismus mitschwingen.

Der Begriff ist zweideutig: Einerseits – und eng betrachtet – bezeichnet er eine bestimmte Spielform des Bergsports, das »wilde« Bergsteigen in ernstem Gelände, basierend auf Können und Eigenverantwortung, unabhängig von vorgegebener Infrastruktur, meist mit größerem Einsatz und höherem Grundrisiko. Dabei kann man auf schwierigeren Hochtouren unterwegs sein, in eisigen Nordwänden, beim Winterbergsteigen auf verschneiten und vereisten Gipfeln oder auch an außeralpinen Expeditions-Gipfeln. Vielleicht könnte man es auch ein bisschen mit Bert Brecht halten: »Der große Sport fängt da an, wo er längst aufgehört hat, gesund zu sein«.

Was ist Alpinismus wirklich?

In einem übergreifenden Sinn aber ist Alpinismus die alles umspannende Begriffsklammer für die Begegnung und Befassung des Menschen mit dem Berg. Dann sind nicht nur die alpinistischen Disziplinen, ja, der Bergsport selbst Teilmengen des Alpinismus, dann gehören dazu auch: die wissenschaftliche Erforschung der Berge durch Geologie, Geografie, Kartografie, Meteorologie, Hydrologie, Biologie oder Ökologie sowie die künstlerische Auseinandersetzung in Literatur, Fotografie oder Film, ja vielleicht sogar Organisationen wie →*Alpenvereine*, →*Naturschutz*- und Bergführer-Verbände.

Unter dieser Perspektive wird Alpinismus zu mehr als »nur« Sport, Vergnügen und Freizeitbeschäftigung – seine »Jünger« sehen ihn auch als Quelle von Lebenssinn und als Weg der Persönlichkeitsentwicklung. »Und es gehen die Menschen hin, zu bestaunen die Höhen der Berge, die ungeheuren Fluten des Meeres, die breit dahinfließenden Ströme, die Weite des Ozeans und die Bahnen der Gestirne, und vergessen darüber sich selbst«, hat Francesco Petrarca (1304–1374) geschrieben, ein italienischer Humanist und Dichter, der als Begründer des Alpinismus gilt (→ *Berühmte Wanderer*). In seiner Tradition bricht der Alpinismus dieses Vergessen und dient der Selbstfindung auf dem Umweg über die Berge. Aber trotzdem ist es nicht verboten, einfach aus Freude in die Berge zu gehen.

9 Anreise

Oder : Wie kommen wir wohin?

Der → *Klimawandel* ist im vollen Gang, seine Folgen zeigen sich in den Bergen, und ein jeder von uns trägt mit seinem persönlichen CO_2-Fußabdruck dazu bei. Wir legen großen Wert auf individuelle Freiheiten, auf uneingeschränkte Mobilität und wollen, wenn Zeit und Geldbeutel es zulassen, nach Lust und Laune möglichst jederzeit möglichst überallhin reisen können. Dies gilt auch für die Anreise zu Wanderurlauben und Bergreisen, die noch überwiegend mit dem Pkw erfolgt und erhebliche Treibhausgas-Emissionen verursacht. Auch wenn Wandern und Bergsteigen zu den vergleichsweise umweltfreundlichen Freizeitaktivitäten gehören, hat die Einsicht, dass »Bergsport auch Motorsport ist«, den → *DAV* nach erst zögerlicher Haltung dazu bewogen, sich um eine Klimaschutzkonzeption zu kümmern, um den CO_2-Fußabdruck der Bergsportler und des Verbandes zu verringern. Etablierte Gewohnheiten sollen hinterfragt und verändert, umweltschädliche Reisekilometer reduziert, das Verhältnis von Reisedistanz zu Aufenthaltsdauer verbessert und umweltfreundlichere Reiseformen stärker genutzt werden.

Verantwortungsbewusst und umweltverträglich

Bus und Bahn stoßen weit weniger Schadstoffe aus als Auto und Flugzeug, zudem ist die Anreise mit öffentlichen Verkehrsmitteln oft entspannter: Man kann die Reisezeit nutzen und umfährt den Stau auf der Autobahn. Leider ist nicht jedes Wandergebiet so vorbildlich mit den »Öffis« erreichbar wie in der Schweiz. Will man die Wahl des Reiseziels nicht auch an guter Erreichbarkeit mit Bahn und Bus orientieren, empfehlen sich alternativ gut ausgelastete Fahrgemeinschaften – und eine Richtgeschwindigkeit von 120 km/h auf Autobahnen. Mit vier bis fünf Personen an Bord werden verantwortungsbewusste Fahrer eh kaum schneller fahren.

Auch die Relation der Anreisekilometer zur Dauer der Wander- oder Bergtour sollte vernünftig sein, wobei Mehrtagestouren generell Tagestouren vorzuziehen sind: Bei Letzteren liegt ein Maximalwert von 150 Kilometern einfacher Strecke deutlich am oberen Ende der Verhältnismäßigkeit, weniger (also ein näher gelegenes Ziel) ist mehr. Bei längeren Urlauben gilt auch vor Ort, dass die eigenen Füße und das Rad die umweltfreundlichsten Fortbewegungsmittel sind. Regionale/lokale Busse und Bahnen kann man oft dank der vielerorts angebotenen »Mobilitätskarten« nutzen.

Flüge weisen mit Riesenabstand die schlechteste Ökobilanz aller Anreisearten auf und sollten auf ein unvermeidliches Minimum reduziert werden, möglichst mit Kompensation des CO_2-Ausstoßes (➜ *Weit-Weg-Wandern*). Es gilt aber auch: Wenn wir bewusst und verantwortlich zum Wandern fahren, tun wir uns etwas Gutes und sind um einiges umweltverträglicher unterwegs im Vergleich z. B. zu einer Shopping-Stippvisite in New York oder einer Woche Heliskiing in Kanada. Ganz zu schweigen von der »Traumreise« auf einem Schweröl oder Schiffsdiesel verfeuernden Kreuzfahrer auf großer »Expeditionsfahrt« zu den Pinguinen der Antarktis.

Apennin

Oder ⦙ Der Stiefel per pedes

10

Auch wenn man bei Italien zuerst an Sonne, Strand, Eis und Pasta denkt, ist »Bella Italia« ein Land voller Berge. Neben dem bezaubernden italienischen Alpenbogen von den Seealpen bis nach Friaul zieht der Apennin (italienisch: gli Appennini) wie ein Rückgrat in der stiefelförmigen Halbinsel von Nordwesten nach Südosten, von Ligurien bis zur Meerenge bei Sizilien. Der über 1500 Kilometer lange Gebirgszug besitzt weitgehend Mittelgebirgscharakter mit teilweise bis über 2000 Metern Höhe, erreicht aber in den Abruzzen auch hochalpine 2900 Meter.

Im Apennin herrscht ein typisches Gebirgsklima mit vergleichsweise niedrigen Temperaturen, starken Temperaturschwankungen und hohen Niederschlägen. Das mediterrane Klima reicht bis in die Vorgebirge, ebenso die Vegetation der Küstenregionen; dieser folgt ab etwa 600 Metern Höhe ein Gürtel aus Edelkastanien und Eichen, darüber wachsen Nadelhölzer bis zur Baumgrenze bei ca. 2000 Metern.

Weitläufige, vielseitige und meist ruhige Wanderziele

Einige große → *Fern- und Weitwanderwege* durchziehen den Apennin, der sich als weitläufiges, vielseitiges und zumeist ruhiges Wanderziel empfiehlt, aber in weiten Teilen, besonders im Süden, bislang wenig Infrastruktur wie markierte Wege und Unterkünfte aufweist, die zudem kaum dokumentiert ist. Auf mehr als 6000 Kilometern deckt der »Sentiero Italia« ganz Italien ab, ein Teil bildet den Apennin-Höhenweg (Grande Escursione Appenninica/GEA), der oft mit dem Europäischen Fernwanderweg E 1 vom Nordkap nach Sizilien identisch ist.

Im Hinterland Liguriens lockt der Ligurische Höhenweg »Alta Via« Wanderer auf seine 400-Kilometer-Trasse; in der Toskana kann man in sieben Tagen auf dem Götterweg, der »Via degli Dei«, von Bologna nach Florenz wandern oder den Apennin auf der alten Handelsroute »Via Vandelli« durchqueren, die von Modena über den Monte Cimone führt und nach einer Wanderung durch die Marmorberge der Apuanischen Alpen Marina di Massa am Tyrrhenischen Meer erreicht.

Wanderparadiese für Spürnasen

Die Monti Sibillini bieten in Umbrien und in den Marken ruhiges, ursprüngliches Wandergelände, während die Naturparks der Abruzzen mit den einsamen Monti della Laga, dem Gran-Sasso-Massiv – absolut sehenswert die weite Hochfläche des Campo Imperatore mit dem gigantischen Felsklotz des Corno Grande (2912 m) –, der Maiella und dem Abruzzen-Nationalpark wahre Wanderparadiese sind.

Spürnasen entdecken auch weiter im Süden unberührte Wanderschätze, etwa im kampanischen Nationalpark Cilento oder in den Apennin-Ausläufern Kalabriens und in der Basilikata, im Naturpark Pollino, der sich im Monte Pollino zu stolzen 2248 Metern Höhe aufschwingt.

Aufbruch

Oder ⋮ Nicht zu früh und nicht zu spät

11

Wer ankommen will, muss sich auf den Weg machen und erst einmal aufbrechen. Wann der richtige Zeitpunkt dazu ist, hängt von einigen Faktoren ab: von Art, Dauer und Schwierigkeit der geplanten Tour, den Wetterbedingungen, der Jahreszeit (wie lange ist es hell?), den Mitwandernden (Gruppengröße, -gesundheit, -fitness, -erfahrung etc.). Beim Bergsteigen und beim → *Bergwandern* macht der generell gepredigte frühe Aufbruch nach dem Motto »Früher Vogel fängt den Wurm« oft Sinn. Doch gilt das auch für den »gemeinen Wandervogel« (nicht zu verwechseln mit dem → *Wandervogel*)?

Genussvoll und sicher wandern

Wer früh aufbricht, hat den Tag vor sich und damit mehr Zeit(-reserven); er entgeht womöglich bei der Anfahrt erst dem Stau auf der Autobahn, dann dem durch viele Gleichgesinnte verursachten Gedränge auf beliebten Modetouren. Es empfiehlt sich auch, der größten Mittagshitze, die etwa um 14 Uhr erreicht ist, aus dem Weg zu gehen (→ *Gesundheit*), was noch viel mehr für drohende Gewitter gilt, die sich meist in den Nachmittagsstunden bilden – dann sollte man am Ziel an- oder wieder zum Ausgangspunkt zurückgekommen sein.

Festgelegte Weckzeiten auf Hütten, wie bei anspruchsvollen Bergtouren in den Alpen üblich, wird es beim Wandern kaum geben. Allerdings Frühstückszeiten, die man einhalten sollte. Ein sehr früher Aufbruch noch im Dunkeln mit Stirnlampe macht nur Sinn, wenn man den Sonnenaufgang auf der Tour erleben möchte oder wenn man eine extrem lange Etappe vor sich hat. Genauso wenig sinnig ist es, wegen eines zu späten Aufbruchs in die Dunkelheit zu geraten, womöglich orientierungslos durch den Wald zu stolpern und erst viel zu spät am Etappenziel anzukommen.

Der passende Aufbruch gehört mit in die → *Tourenplanung*, wird nicht gleich zu neuen Horizonten führen, aber Stresssituationen und Gefahren vermeiden helfen und damit genussvoll und sicher wandern lassen.

12 Aufstiegshilfen

Oder : Schnell und bequem nach oben

Als touristische Infrastruktur sind technische Aufstiegshilfen wie Luftseilbahnen (Sessel-, Gondel- und Schwebebahnen) und Standseilbahnen (Zahnradbahnen und Schrägaufzüge) aus den Alpen nicht mehr wegzudenken. Mit ihnen kommen viele Menschen schnell und bequem in die Höhe – sie bedeuten aber auch massive Eingriffe in die Landschaft. Dieser Landschaftsverbrauch, verbunden mit der massenhaften Besucher-Schaufelei in die Bergwelt, macht Aufstiegshilfen besonders unter jüngeren Bergsportlern und Bergsteigern umstritten bis verpönt. Für viele ist es Ehrensache, »by fair means«, also aus eigener Kraft nach oben zu kommen.

Je älter die Bergsteiger aber werden, desto weicher wird die Ablehnung, mit technischer Unterstützung Höhendifferenzen zu überwinden. Oft spielt die Gesundheit eine Rolle: die abnehmende Kondition, Belastungseinschränkungen z. B. nach einem Herzinfarkt, Herz-Kreislauf-Probleme, chronische Krankheiten, schmerzende Knie- oder Hüftgelenke – wenn das Zipperlein plagt, kommt die Seilbahn gerade recht.

Kaum zu glauben

Auch Seilbahnbetreiber treffen sich, tauschen sich aus und verkünden die Erfolge ihrer Branche: Auf der 61. Internationalen Tagung der Technischen Aufsichtsbehörden (ITTAB) konnten sie für 2011 von weltweit über 21 000 Anlagen und knapp 3,5 Mrd. beförderten Personen berichten.

Mit dem Alter wächst aber auch der Wunsch, die Zeit am Berg optimal zu nutzen. Wenn ein großes Bergziel lockt, möchte man den Hüttenzustieg möglichst verkürzen oder auslassen. Manche Viertausender sind dank Seilbahnen bereits als Tagestour machbar (z. B. Breithorn, Mönch, Lagginhorn).

Der Erfolg des Wintersports in den alpinen Skigebieten wäre ohne Seilbahnen nicht möglich gewesen. Und die Erschließungsspirale dreht sich weiter: Die Skiresorts investieren weiter, modernisieren und erweitern ihre Anlagen und schließen sich zusammen, um im härter werdenden Wettbewerb zu bestehen und das Geschäft zu sichern. Viele Seilbahn-Betreiber lassen ihre Bahnen längst auch im Sommer laufen, angereichert um allerlei Angebote und Installationen zum Freizeit-Vertreib (z. B. Sommerrodelbahnen, Themenwege, Spielplätze). Neben Ausflüglern und Wanderern nutzen auch viele →*Mountainbiker* und Drachen- oder Gleitschirmflieger (s. →*Luft unterm Hintern*) die Aufstiegshilfen für ihren Sport.

Bayerischer Wald

Oder ⋮ Wo die »Waidler« wohnen

13

Etwa 100 Kilometer lang erstreckt sich der Bayerische Wald, auch Bayerwald oder einfach nur »Woid« genannt, entlang der niederbayerisch-tschechischen Grenze. Sein Nordteil gehört zur Oberpfalz, im Osten reicht er bis nach Oberösterreich. Geologisch ist der Bayerwald Teil des →*Böhmerwalds*, von dem er seit etwa 1830 namentlich unterschieden wird, als die Gebiete der Hochstifte Regensburg und Passau bayerisch wurden. Mit dem Oberpfälzer Wald im Nordwesten und dem tschechischen Böhmerwald (Šumava) im Osten bildet er das »grüne Dach Europas«.

Im Vorderen Bayerwald reichen die Gipfel wie Brotjacklriegel oder Einödriegel knapp über die 1000-Meter-Marke, im Hinteren Bayerischen

Wald sind sie häufig über 1300 Meter hoch – die beiden höchsten Gipfel sind der Große Arber (1456 m) und der Große Rachel (1453 m). Deren Gipfelregionen waren während der Eiszeiten von über hundert Meter dicken Schnee- und Eisfeldern bedeckt. Davon zeugen die Kare und Karseen.

Das größte Schutzgebiet Mitteleuropas

Entlang des Grenzkamms, zwischen Lusen und dem Großen Falkenstein, liegt der Nationalpark Bayerischer Wald, der 1970 als erster deutscher → *Nationalpark* mit einer Fläche von 130 Quadratkilometern gegründet und 1997 auf 240 Quadratkilometer erweitert wurde. Mit dem tschechischen Nationalpark Šumava entstand das größte Schutzgebiet Mitteleuropas, in dem sich Wälder, Moore, Bergbäche und Seen wieder nach ihren eigenen Gesetzen entwickeln können.

Ist man auf den über 300 Kilometern markierten Wanderwegen unterwegs, die das Waldmeer im Nationalpark durchziehen, wird man auf über der Hälfte der Fläche erkennen, wie die Natur unbeeinflusst vom Menschen wirkt – inzwischen wächst artenreiche, bodenständige Waldwildnis heran, auch in den vom Borkenkäfer großflächig vernichteten Bergfichtenbeständen. Umfangreich über diese Zusammenhänge informieren die beiden Besucher-Informationszentren »Hans-Eisenmann-Haus« in Neuschönau und »Haus der Wildnis« in Ludwigsthal am Fuß des Großen Falkensteins, wo man in weitläufigen Freigehegen u. a. Bären, Luchse, Wölfe, Wildschweine, Wildpferde und Ur-Rinder beobachten kann.

Gipfelerlebnisse der besonderen Art

Die hohen Bayerwald-Gipfel rufen bergaffine Wanderer zum »Gipfelerlebnis«: Von den drei Ausgangspunkten Bayrisch Eisenstein, Bodenmais und Lohberg ist der »König des Bayerischen Walds«, der Große Arber, zu besteigen; auf den Großen Rachel – höchster Berg im Nationalpark – führen drei Varianten von Frauenau, Spiegelau und St. Oswald-Riedlhütte. Und der Lusen (1373 m), ebenfalls von mehreren Ausgangspunkten zu erwandern, beeindruckt mit der geologischen Besonderheit seines Granit-Block-

BAYERISCHER WALD

meers, das den gesamten Gipfelbereich bedeckt und das der Teufel einer Sage nach über einem Goldschatz angehäuft haben soll. Durch den Bayerischen Wald verläuft der längste Fernwanderweg Deutschlands: Der Goldsteig zieht über 660 Kilometer von Marktredwitz im Oberpfälzer Wald nach Passau – und wieder zurück. Die als Qualitätswanderweg (➜ *Prädikatswanderwege*) zertifizierte Route führt auf der Nordvariante grenznah über die Tausender-Gipfel des Gebirgskamms in die Dreiflüssestadt, während man auf der Südroute über die reizvollen Höhenzüge des Vorderen Bayerischen Walds zurück nach Thanstein im Oberpfälzer Landkreis Schwandorf wandert. Es gibt eine Querverbindung zwischen den Varianten mit den Schnittpunkten Pröller im Süden und Großer Arber im Norden.

Bayerisches Oberland

Oder ⋮ Bayern-Idylle pur

14

Das Oberland liegt im zentralen Teil der Bayerischen Alpen, zwischen den Flüssen Lech und Inn sowie zwischen der Landeshauptstadt München und der Tiroler Grenze, und umfasst die Landkreise Weilheim-Schongau, Garmisch-Partenkirchen, Bad Tölz-Wolfratshausen und Miesbach. Auf knapp 4000 Quadratkilometern verkörpert seine ländlich geprägte Kulturlandschaft mit Wiesen, Wäldern, Seen, Flüssen, Bergen, Weilern, Bauerndörfern und kleinen Städten quasi das idealtypische Bayern.

Wirtschaftsstark und besonders lebenswert

Dank einer gewachsenen Struktur zählt das Oberland zu den wirtschaftsstärksten Regionen in Deutschland und zu den lebenswertesten ländlichen Räumen. Gut 435 000 Einwohner schätzen die hohe Lebensqualität in ihrer Region, legen Wert auf deren Brauchtum und Kultur und teilen die Begeisterung dafür mit vielen Gästen – der Tourismus hat hier einen großen Stellenwert.

Das gilt besonders in den Bayerischen Voralpen, dem landschaftlich vielfältigsten und attraktivsten Raum im Oberland. Die Gebirgsgruppe gehört zu den Nördlichen Kalkalpen, schließt im Westen mit dem Loisachtal an die ➜ *Ammergauer Alpen* an und reicht im Osten bis zum Inn und dem

→ *Chiemgau*. Dazwischen lockt eine unglaublich dichte, vielseitige und gut erschlossene und besuchte »Wander-Wunderwelt« auf meist leicht zu besteigende Berge, die in der Rotwand (1884 m) ihren höchsten Gipfel finden. Aus der Tourenfülle sei eine kleine Auswahl genannt.

Gut erschlossene »Wander-Wunderwelt«

Den perfekten Blick übers »Blaue Land« zwischen Murnau und Kochel am See genießt man auf der anregenden Gratwanderung vom Herzogstand (1731 m) zum Heimgarten (1790 m), wo man bei klarem Wetter bis zum Münchner Fernsehturm blickt, während im Süden die Gipfel von Karwendel und Wettersteingebirge mit der → *Zugspitze* Spalier stehen.

Im Isarwinkel hinter Lenggries findet man um den tiefblauen Sylvensteinspeicher lohnende Touren, etwa auf das Demeljoch (1923 m) oder auf den schon zum Vorkarwendel gehörenden Schafreuter (2101 m) mit der urigen Tölzer Hütte.

Im Tegernseer Tal gehören Hirschberg (1670 m), Roß- und Buchstein (1701 m), Wallberg (1722 m) und Setzberg (1706 m) zu den gern und häufig besuchten Gipfeln; um den Spitzingsee sind Bodenschneid (1669 m; an einem Nebengipfel erinnert ein Marterl an den legendären Wilderer Georg Jennerwein, der hier erschossen wurde), Brecherspitz (1683 m), Rotwand, Aiplspitz (1759 m) und Jägerkamp (1746 m) absolute Klassiker.

Das ist auch der Wendelstein (1838 m) über Bayrischzell, der einmal als höchster bayerischer Gipfel galt und heute von zwei Seiten mit Bahnhilfe zu erreichen ist. Etwas abgelegener im östlichen Oberland, aber umso lohnender liegen der Große Traithen (1852 m) und der Brünnstein (1619 m).

Genussreiche Überschreitungen

Die Bayerische Regiobahn BRB fährt ab München die Orte Lenggries, Tegernsee und Bayrischzell an. Nach entspannter Zuganreise bieten sich zwei genussreiche Überschreitungen – jeweils mit Einkehrmöglichkeit – an: von Lenggries über den Fockenstein (1564 m) nach Bad Wiessee (mit dem Linienschiff über den Tegernsee zum Bahnhof Tegernsee oder Gmund), und von Tegernsee über die Gindelalmschneid (1331 m) nach Schliersee. Auf dem Maximiliansweg (→ *Fern- und Weitwanderwege*) wandert man quer durchs Oberland.

Bekleidung

Oder ⋮ Mach es wie die Zwiebel

15

Wer viel in der freien Natur unterwegs ist, für den spielt die richtige Bekleidung eine zentrale Rolle. Karierte Baumwollhemden, graue Kniebundhosen, rote Kniestrümpfe und der dunkelblaue Anorak haben schon lange ausgedient. Heute gibt es eine riesige Auswahl von qualitativ hochwertigen, funktionellen Outdoor-Textilien für jeden Einsatzbereich, wobei der Markt mit großen und kleinen Innovationen fast überflutet wird.

Moderne Funktionsbekleidung muss möglichst jedem Wetter standhalten, jederzeit wärmen, von außen wasser- und winddicht oder zumindest -abweisend sein, von innen den durchs Schwitzen entstehenden Schweiß atmungsaktiv durch die Membrane nach außen ableiten, Tragekomfort und Bewegungsfreiheit bieten, möglichst strapazierfähig und leicht sein – und den modischen Ansprüchen genügen.

Die komplexen Anforderungen, um Wind und Wetter trotzen zu können, werden am besten erfüllt, wenn man vier Kleidungsschichten nach dem Zwiebelprinzip kombiniert und je nach Witterung und Temperatur einzelne Schichten ab- und wieder anlegt.

Das Vier-Schichten-Prinzip

ERSTE SCHICHT – FUNKTIONSUNTERWÄSCHE: Sie leitet den Schweiß von der Haut weg nach außen, um den Körper möglichst trocken zu halten. Beliebt sind schnell trocknende kurz- und langarmige Kunstfasershirts und -pants oder sehr funktionell verarbeitete Wollprodukte (Vorteil der geringeren Geruchsannahme).

ZWEITE SCHICHT – ISOLATION: Die locker sitzende isolierende zweite Schicht – Hemd, Pullover, Softshells, elastische Hosen (mit abzippbaren Beinlingen) – besteht meist aus atmungsaktiven Funktionstextilien und unterstützt den Feuchtigkeitstransfer weg vom Körper. Sie schützt die Extremitäten vor Wind, Sonne, Gestrüpp, Fels – und Insektenstichen.

DRITTE SCHICHT – WÄRMEISOLATION: Sie kommt bei kühlem Wetter oder im Hochgebirge zum Einsatz und verhindert oder verringert den Wärmeverlust des Körpers. Empfehlenswert sind Fleece-Jacken und -Westen oder mit Kunstfasern gefüllte Thermojacken (z. B. Primaloft). Daunenjacken, -westen und -hosen punkten bei extremer Kälte.

VIERTE SCHICHT – MIESES-WETTER-SCHUTZ: Jacken (mit verstellbarer Kapuze) und Hosen der vierten Schicht halten dank atmungsaktiver Membranen wie Goretex, Event, Texapore, Powertex oder Sympatex Wind, Regen, Schnee und Hagel ab und unterstützen den Feuchtigkeitstransport nach außen.

Funktional und umweltverträglich hergestellt

Eine geeignete Kopfbedeckung schützt vor Sonne und Wind, ebenso Handschuhe, die besonders in größeren Höhen bei Wetterstürzen notwendig sind. Socken und Strümpfe aus Mischgewebe mit verstärkten Zonen gehören ebenso zur angemessenen Kleidung wie leichte Ersatzwäsche zum Wechseln nach schweißtreibendem Anstieg oder Regen.

Vielen Natursportlern ist heute wichtig, wo und wie Outdoor-Bekleidung hergestellt wird. Unter der Vielzahl von Herstellern bemühen sich einige, möglichst umweltverträglich zu fertigen und auch ihrer sozialen Verantwortung gegenüber den produzierenden Arbeitern in Fernost gerecht zu werden – Stichwort »Corporate Social Responsibility (CSR)«. Diese Firmen sollte man unterstützen – und generell beachten, dass man fürs Wandern in mittleren Höhen keine superteure, hochfunktionelle Extrembergsteiger-Jacke braucht! Man muss auch nicht jede Mode mitmachen und den Kleiderschrank noch voller stopfen, als er eh schon ist. Tragen kann man immer nur eine Jacke und eine Hose.

Bergsport

Oder : Was tun wir denn dort oben?

»Ich schicke voraus, dass das Bergsteigen nach meiner Ansicht ein echter Sport ist. … Das Spiel ist gewonnen, sobald man den Gipfel erreicht. Wer vorher umkehren muss, hat verloren.« Klar und lapidar formulierte es Leslie Stephen (1832–1904), britischer Historiker, Gründer und Präsident des Alpine Club (➜ *Alpenvereine*) und Erstbesteiger u. a. von Bietschhorn, Schreckhorn und Zinalrothorn.

Das Spiel am Berg so deutlich nur auf die körperliche Aufgabe reduziert zu sehen, waren die Aktiven nicht immer bereit. So war im ➜ *DAV* während der Diskussion um den Eintritt in den Deutschen Sportbund oft zu hören, Bergsport sei »mehr als Sport« – ein Fakt, der freilich für die meisten Sportarten gilt. Denn viele bieten auch die Chance, beispielsweise Gemeinschaft, Selbstwert und Natur zu erleben – und mancher Sportler zieht aus seiner Leidenschaft Lebenssinn, macht gar daraus eine Lebensform.

Natürlich ist das bei Berg-Menschen vielleicht noch allgemeiner verbreitet. Der Gedanke vom ➜ *Alpinismus* als komplexe Interaktion mit Berglandschaften – sportlich, naturemphatisch, kulturell – macht aus dem Bergsteigen eben doch »mehr als Sport«. Man könnte auch sagen: Bergsteigen ist die Basis – je leistungsorientierter man es betreibt, desto mehr wird es zu Bergsport. In seinem Leitbild von 2012 stellt der DAV Bergsport, Bergsteigen und Alpinismus unkommentiert nebeneinander.

Facettenreicher Kanon der Bergsportarten

Freilich kann man den Begriff »Bergsport« auch als Klammer betrachten für alle sportlichen Disziplinen, die aus dem Bergsteigen oder dem Unterwegssein in gebirgigen Landschaften erwachsen sind. So nennt das DAV-Leitbild als »wesentliche Disziplinen« das ➜ *Wandern*, Tourengehen, Klet-

tern, Skibergsteigen und → *Mountainbiken*. Auch das Radfahren in der Unebene gehört also zum heutigen Verständnis vom Bergsport, genauso wie die → *modernen Bergsportarten* (mit Bouldern und Slacklinen, Canyoning und Geocaching) oder die mit → *Luft unterm Hintern* stattfindenden Aktivitäten wie Drachenfliegen oder Wingsuit-Basejumping – auch wenn der Alpenverein die nicht alle gezielt fördert. Selbst das Klettern und Bouldern in Hallen, das keinen Berg mehr benötigt, wird niemand aus dem Kanon der »Berg«-Sportarten verbannen wollen – hier haben die Alpenvereine einen bedeutenden neuen Arbeitsschwerpunkt gefunden.

17 Bergwandern und Bergsteigen

Oder : Wo hört das eine auf, wo fängt das andere an?

Eines sei vorweggenommen: Die Grenzen zwischen → *Wandern*, Bergwandern und Bergsteigen sind fließend und nicht genau zu definieren. Es gibt aber Kriterien, die unsere geliebten Outdoor-Aktivitäten differenzieren und eine Abgrenzung ermöglichen. Wer mehr als nur im flachen Gelände spazieren geht, wandert – der Begriff wird infolge des Wanderbooms der letzten Jahre heute sehr breit verstanden. Verlässt man die Ebene und begibt sich in hügeliges oder bergiges Gelände, ist man beim Bergwandern, unabhängig ob in den Mittelgebirgen oder in den Alpen. Viele sagen aber ganz einfach: »Wir gehen am Wochenende wandern!«, auch wenn sie in den Bergen wandern.

Wandern – der Genuss am Unterwegssein zählt

Bergwandern ist dadurch charakterisiert, dass man sich auf angelegten, gut gepflegten und markierten → *Wegen* bergauf und bergab bewegt, nicht ständig und ausschließlich, aber häufig. Der Genuss am Unterwegssein in meist leichtem Gelände (und zur/von der Alm/Berghütte) steht im Vordergrund, nicht unbedingt und immer das Erreichen eines Gipfels.

Anspruchsvolle Bergwanderungen auf mittelschweren oder schweren Bergwegen führen aber auch hoch hinauf, vielleicht auf einer Höhenwanderung von Hütte zu Hütte. Dann kann man durchaus einmal mit absturzgefährlichem Gelände konfrontiert sein (→ *Abstürze*, → *Gelände*), mit drahtseilgesicherten Stellen (→ *Steige*), steilen Schneefeldern, leichten Kletterpassagen oder weglosen Abschnitten. Hier sind auf jeden Fall alpine Erfahrung (→ *Gefahrenbewusstsein*, → *Trittsicherheit*, → *Schwindel & Schwindelfreiheit*), gute Ausrüstung und entsprechende Kondition gefordert – und als Voraussetzung eine gute → *Tourenplanung*.

Bergsteigen – mit sportlich fokussiertem Ziel

Ist man grundsätzlich in schwerem Gelände oder noch anspruchsvoller unterwegs, mit sportlichem, auf einen Gipfel oder eine Route fokussiertem Ziel, geht man Bergsteigen. Wird der Weg zum exponierten Steig, der Untergrund ungleichmäßig, steil und abschüssig, kommen lange gesicherte Passagen vor, muss man länger klettern oder will man ohne Weg aus-, raus- und raufkommen, ist es Bergsteigen.

Bergsteigen ist aber noch viel mehr: Es umfasst nicht nur die verschiedenen Aktivitäten des → *Bergsports*, es meint im erweiterten Sinn auch den → *Alpinismus* – und verdient deswegen ein eigenes Buch: die »101 Dinge, die ein Bergsteiger wissen muss«.

Berühmte Wanderer

Oder ⫶ Zeitlose Vorgänger

18

Egal, ob Jäger oder König, Dichter, Entdecker oder Politiker: Seit Jahrtausenden gehen Menschen auf Wanderschaft, und oft prägt dieses Unterwegssein ihr Bild innerhalb der Geschichte bis heute.

»ÖTZI« (gest. zwischen 3359 und 3105 v. Chr.): Dass unsere Urahnen aus der Steinzeit schon vor über 5000 Jahren in den Alpen »wanderten«, bestätigte die 1991 im Ötztal entdeckte, gut erhaltene Gletschermumie, deren Fund für die Vorzeitforschung ein sensationeller Glücksfall war. »Ötzis« Ausrüstung taugte fürs Hochgebirge: Er trug zweckmäßige Kleidung aus Fellen, Leder und Gras und hatte Feuersteingeräte zum Schneiden und Bohren, eine Knochen-Ahle zum Nähen, einen Zunderschwamm zum Feuermachen, Kupferbeil, Dolch, Pfeil und Bogen bei sich. Forschungen ergaben, dass der Gletschermann mit etwa 46 Jahren gestorben sein muss. Er wog etwa 50 Kilogramm, war 1,60 Meter groß und hatte Schuhgröße 38. Sein völlig abgenutztes Gebiss und mehrere verheilte Rippen- und Nasen-Brüche sprechen für ein nicht ungefährliches Leben, genauso wie eine Pfeilspitze zwischen Schulter und Schulterblatt – wohl seine Todesursache. Zu besuchen ist »Ötzi« im Südtiroler Archäologiemuseum in Bozen in → *Südtirol*.

HEINRICH IV. (1050–1106): Mit seinem »Gang nach Canossa« wurde der römisch-deutsche König Heinrich IV. zum Wanderer wider Willen. Im Machtstreit mit Papst Gregor VII. von diesem exkommuniziert und seiner Herrschaft entbunden, musste Heinrich im Winter 1077 nach Canossa ziehen, um vom obersten Kirchenfürsten demütig die Aufhebung des Kirchenbanns zu erbitten. Den anstrengenden Alpenübergang beschrieb der päpstliche Geschichtsschreiber Lampert von Hersfeld: »Sie krochen bald auf Händen und Füßen vorwärts, bald stützten sie sich auf die Schultern ihrer Führer; manchmal auch, wenn ihr Fuß auf dem glatten Boden ausglitt, fielen sie hin und rutschten ein ganzes Stück hinunter; schließlich gelangten sie doch unter großer Lebensgefahr in der Ebene an …« Vor der Burg Canossa folgten drei Tage im Büßerhemd, barfuß im Schnee, bis Papst Gregor Heinrichs Reue anerkannte und den Bann löste.

FRANCESCO PETRARCA (1304–1374): Der bedeutende italienische Dichter, Geschichtsschreiber und Mitbegründer des Humanismus gilt auch als »Vater der Bergsteiger«. Am 26. April 1336 bestieg er zusammen mit seinem Bruder den Mont Ventoux (1912 m) in der Provence. Er war über die Wanderung tief bewegt und beschrieb seine Empfindungen in einem Brief. Damit formulierte Petrarca als Erster das Naturerlebnis, die Zufriedenheit ob des Blicks vom Gipfel und die »Erregung des Herzens« während der Besteigung als Selbstzweck, also »touristisch« motiviert. An der Schwelle vom Mittelalter zur Neuzeit war seine Bewertung der Welt als eine Schöne etwas Neues, ebenso wie die Verknüpfung der ästhetisch empfundenen Natur mit kontemplativen Erkenntnissen für sich selbst. Einige Gelehrte sehen in Petrarcas Ansatz einen kulturhistorischen Schlüsselmoment in der Menschheitsgeschichte – andere glauben, dass er nicht wirklich auf den Mont Ventoux gestiegen ist.

JOHANN GOTTFRIED SEUME (1763–1810): »Wer geht, sieht mehr«, das wusste schon der in Kursachsen geborene Johann Gottfried Seume. Der gebildete Zeitgenosse Goethes hat nicht nur mehr gesehen, sondern auch über das Gesehene publiziert. Als Spätaufklärer trat er mit gesellschaftskritischen Schriften für die Umsetzung der Menschenrechte ein und verewigte sich mit seinem »Spaziergang nach Syrakus« im Kanon der deutschen Literaturgeschichte. Seume studierte Theologie, fiel Soldatenwerbern in die Hände, landete im Amerikanischen Unabhängigkeitskrieg, wurde Musketier, desertierte, wurde begnadigt und diente einem russischen General. Nachdem er in Weimar die literarische Prominenz um Goethe getroffen hatte, begann er 1801 seinen zwei Jahre dauernden »Spaziergang« nach Italien, der ihm den Ruf eines »Wanderphilosophen« einbrachte. Seume brach mit der bisherigen Tradition der Bildungsreise und beschrieb seine Reiseerlebnisse aus subjektiver Sicht, als kritischer, den Alltag beobachtender und beurteilender Reiseschriftsteller. Damit wurde er zum Vorbild für Generationen kritischer Reisender.

SVEN HEDIN (1865–1952): Schon als Jugendlicher begeisterten den in Stockholm geborenen Schweden die Abenteuer von Entdeckungsreisenden. Er lernte Sprachen, zeichnete Karten, unternahm erste Reisen, veröffentlichte Bücher, verfiel der »asiatischen Freiheit« und wollte »von nun an … nur noch Pfade gehen, die vor mir noch kein Europäer betreten hatte«. Zwischen 1895 und 1926 folgten vier große Expeditionen durch die Gebirge, Wüsten und Steppen im westlichen China und in Tibet. Hedin wurde zum letzten großen Landreisenden, ein Forscher, der sieben Sprachen beherrschte und dessen Werke in mehr als 30 Sprachen übersetzt wurden. Und der sein Vermächtnis beschädigte, weil er sich von der Ideologie des Nationalsozialismus faszinieren ließ.

ALEXANDRA DAVID-NÉEL, geb. Louise Eugénie Alexandrine Marie David (1868–1969): »Ich konnte weglaufen, noch bevor ich gehen konnte«, sagte die bei Paris geborene französische Reiseschriftstellerin und ordinierte buddhistische Nonne von sich selbst. Die frühe Feministin studierte Völkerkunde und Sprachen und interessierte sich für den Buddhismus. Nach einer ersten Reise arbeitete Alexandra als Sopranistin, heiratete, hielt Vorträge, veröffentlichte Bücher und brach 1911 zur Reise nach Nepal, Sikkim, China und Indien auf. Aus den geplanten 18 Monaten wurden 14 Jahre, von denen sie zwei in einem Himalaya-Kloster in Tibet verbrachte. 1924 betrat sie heimlich in Begleitung ihres Adoptivsohns Aphur Yongden nach einer abenteuerlichen Himalaya-Überquerung als vermutlich erste Europäerin die verbotene Stadt Lhasa und bewies, »was der Wille einer Frau vermag«. Nach ihrer Rückkehr bearbeitete sie ihre Reisebeschreibungen, lehrte an der Sorbonne, um 1936 für weitere zehn Jahre aufzubrechen. Alexandra David-Néel blieb bis zu ihrem Tod mit 100 Jahren geistig fit.

KARL CARSTENS (1914–1992): Der in Bremen geborene Jurist war von 1979 bis 1984 der fünfte Bundespräsident der BRD. Als »Wanderpräsident« durchwanderte der bekannte CDU-Politiker während seiner Amtszeit die Bundesrepublik von der Ostsee bis zu den Alpen, wobei ihn viele Menschen begleiteten. Seine Erfahrungen beschrieb er im Buch »Wanderungen in Deutschland«.

19 Blasen
Oder : Wo drückt der Schuh?

Egal, ob Wanderer, Bergsteiger oder Eiskletterer: Jeder kann Bekanntschaft mit Blasen an den Füßen machen, wenn der Schuh nicht passt, der Strumpf rutscht oder die Fußbekleidung nass wird (Schweiß, Feuchtigkeit). Blasen bilden sich gern an den Fersen und auf oder zwischen den Zehen, und auch am Schienbein sind Scheuerstellen nicht selten. Bei neuen Schuhen empfiehlt sich eine kürzere Eingehtour, um festzustellen, ob beim Kauf Druck- oder Scheuerstellen übersehen wurden. Saubere Füße und passende Strümpfe und Schuhe reduzieren das Blasenrisiko. Problemzonen am Fuß kann man vorbeugend mit Tape (Leukoplast) überkleben.

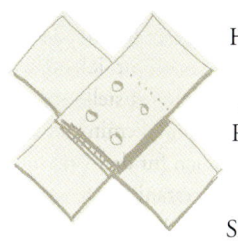

Hat man sich doch einmal eine Blase gelaufen, hat man die Wahl: Ist die Blase geschlossen und steht keine weitere Tour an, kann man sie in Ruhe lassen, bis sich die Haut darunter erneuert hat und die Blasenhaut sich löst. Dabei können spezielle Blasenpflaster wie Compeed oder »2nd Skin« helfen. Oder man sticht die Blase auf (sterile Nadel), lässt die Flüssigkeit herauslaufen, desinfiziert die Stelle und verpflastert sie (Pflaster mit steriler Wundauflage, darüber eventuell Tape). Genauso geht man auch vor, wenn sie sich schon geöffnet hat. Die abgelöste Blasenhaut sollte man lieber entfernen, bevor sie weiter scheuert. Nur wenn z. B. an der Ferse die lose Hornhaut die darunterliegende Stelle sauber zudeckt, ist es eine Option, sie mit einzupflastern.

Böhmerwald

Oder : Grenzwandern zwischen Österreich
und Tschechien

20

Der Böhmerwald ist eine etwa 120 Kilometer lange und bis zu 50 Kilometer breite Mittelgebirgskette, die sich beidseits der tschechisch-bayerisch-österreichischen Grenze erstreckt und das höchste Rumpfgebirge (→ *Mittelgebirge*) der sogenannten »Böhmischen Masse« bildet. Spricht man heutzutage vom Böhmerwald, meint man je nach Region oder Kontext den tschechischen Böhmerwald (Šumava), den bayerischen Böhmerwald, der identisch ist mit dem → *Bayerischen Wald*, oder den Böhmerwald im Nordwesten Oberösterreichs. Um die gut 110 Quadratkilometer Fläche in den höchsten Lagen des Mühlviertels geht es hier: um sanftwellige Waldrücken in Höhenlagen von 800 bis knapp 1400 Metern mit dem höchsten Gipfel Plöckenstein/Plechý (1378 m) direkt auf der tschechisch-österreichischen Grenze.

Seit etwa 40 Jahren werden die Wälder naturnah bewirtschaftet, das dichte Forststraßennetz kommt Wanderern, Radfahrern und Langläufern zugute.

Nicht regulierte Bäche, ursprüngliche Hochmoore, kleine Teiche und die grüne Kulturlandschaft des Mühltals mit den drei namensgebenden Flüssen Große Mühl, Kleine Mühl und Steinerne Mühl charakterisieren das Mühlviertel mit seinen gepflegten Ortschaften, die einiges Sehenswerte zu bieten haben, so das Stift Schlägl mit gleichnamiger Brauerei oder den Schwarzenbergschen Schwemmkanal (s. »Kaum zu glauben«).

Vom »Auge« zum »Meer« des Böhmerwalds

Direkt auf der Grenze liegt auch der Hochficht (1338 m), im Winter mit seinen Nebenbergen Zwieselberg und Reischlberg ein beliebter Skizirkus, während die tschechische Seite des Berges zur Kernzone des Nationalparks Šumava gehört. Angenehm ruhig kann man im Sommer in der Grenzregion wandern, etwa auf dem »Plöckensteiner Seeweg«, der vom Ereignishaus Holzschlag zum »Auge des Böhmerwalds« führt, oder auf dem »Gipfel-Ge(h)nussweg«, der in einer lohnenden Tour die vier Böhmerwald-Gipfel Stinglfelsen, Hochficht, Schönbergfelsen und Reischlberg verbindet.

Weiter östlich ist es nicht weit von Schöneben zum Aussichtsturm Moldaublick, der eine schöne Übersicht auf die verästelte Wasserfläche des Moldaustausees Lipno (Údolní nádrž Lipno) bietet. Der 1959 aufgestaute See ist Teil der Moldau-Kaskade, welche die flussabwärts gelegenen Städte Ceské Budejovice und Prag vor Hochwasser schützen soll. Das »Böhmerwald-Meer« ist ein beliebtes Wassersportzentrum, das Fahrradfahrer auf einem neu angelegten Weg gut umradeln können. Besonders das Südufer ist ausgesprochen ruhig und naturbelassen, begünstigt von der jahrzehntelangen grenznahen Lage zwischen Ost und West (→ *Grünes Band*).

Kaum zu glauben

Im 18. Jh. erbaut, galt der Schwarzenbergsche Schwemmkanal als ingenieurtechnische Meisterleistung und als »achtes Weltwunder«. Über den bis zu 40 km langen Kanal wurden insgesamt etwa 8 Mio. Raummeter Holz aus dem Böhmerwald Richtung Donau geschwemmt und als Brennholz weiter nach Wien verschifft.

Etappenwandern durch stille Naturlandschaften

Im unverbauten Grenzgebiet verläuft auch der Nordwaldkammweg, der vom Dreiländereck bis ins Waldviertel führt. Der 1910 angelegte historische Fernwanderweg verlief je nach politischer Konstellation auf der einen oder anderen Seite der Grenze. Heute ist er weitgehend identisch mit dem Europäischen Fernwanderweg E 6 und auf österreichischer Seite über etwa 160 Kilometer Strecke zu begehen. Die Sektion Freistadt des ÖAV (➔ *Alpenvereine*) kümmert sich um die von der EU geförderte Markierungsarbeit. Die Wegführung ist aufgrund langwieriger Verhandlungen mit Grundbesitzern, Jagdpächtern und der tschechischen Nationalparkverwaltung noch nicht abgeschlossen. Inzwischen ist auch eine Variante in Gegenrichtung zu begehen, der Nordwaldkammweg II, und Verbindungswege zwischen beiden gibt es ebenfalls (Infos zum Nordwaldkammweg unter www.alpenverein-freistadt.at).

Wer auf das ausgetüftelte Angebot eines ➔ *Prädikatswanderwegs* verzichten und lieber einmal selbst planen und organisieren möchte, wird sich hier in der Region wohlfühlen. Die gewohnte Infrastruktur inklusive buchbarer Angebote findet man auf dem 2014 eröffneten Böhmerwaldrundweg, der in mehreren Routen von drei bis sieben Tagesetappen durch die stillen Naturlandschaften des Böhmerwalds führt.

Brotzeit

Oder : Was gibt's zum Essen und Trinken?

21

Die Ernährung spielt beim Wandern eine wichtige Rolle. Meist nimmt man während einer ➔ *Rast* eine Brotzeit, Jause, Merende oder ein Vesper ein, je nachdem, wo man unterwegs ist. Die gemeinsame Zwischenmahlzeit fördert die Geselligkeit, schmeckt im Wald oder am Berg viel besser als im Büro oder zu Hause, ersetzt verbrauchte Energie und hält uns leistungsfähig. Der Energieumsatz beim Wandern ist nicht zu unterschätzen: Er beträgt je nach Intensität und Dauer der Wanderung etwa 350 bis 550 kcal pro Stunde.

Richtig trinken und essen auf Tour

Durchschnittlich Trainierte verlieren durch Schwitzen und Atmen pro Wanderstunde etwa 0,6 Liter Flüssigkeit, sodass sie über den Tag verteilt mindestens zwei bis vier Liter trinken sollten, um den Verlust auszugleichen. Empfehlenswert sind leicht gesüßte Kräuter- oder Früchtetees und Saftschorlen. Mischt man Apfelsaft und Mineralwasser im Verhältnis 1:1

bis 1:2, erhält man ein nahezu isotonisches Getränk inklusive Fruchtzucker und Mineralien, das der Körper schnell in Energie umsetzen kann. Bei längeren oder intensiveren Wanderungen sollte man auf regelmäßige Trinkpausen achten – Faustregel: alle 30 Minuten 150 Milliliter.

Ohne Frühstück sollte man nicht losziehen. Es empfiehlt sich eine leicht verdauliche Kohlenhydratkost mit einer Schale Müsli, einem fein vermahlenen (Vollkorn-)Brot mit Marmelade/Honig oder fettarmem Belag, dazu Tee oder Kaffee. Für die Brotzeit unterwegs gehört in den ➔ *Rucksack* eine kohlenhydratreiche Kost mit verschiedenen Zuckerarten (Einfachzucker z. B. in Schokolade, Fruchtzucker in Studentenfutter und Trockenobst, Mehrfachzucker in wertigen Müsliriegeln und Vollkornbrot). Gewöhnliche Schoko-/Müsliriegel enthalten viel Fett und Zucker, besser sind Riegel mit hohem Kohlenhydratanteil. »Powerriegel« genauso wie Energydrinks sind auf normalen Wanderungen nicht nötig. Als schneller Energielieferant ist eine kohlenhydratreiche, fast fettfreie Banane mit ihrem hohen Vitamin-, Mineralstoff- und Fruchtzuckergehalt eine gute Alternative. Die erste Brotzeit sollte man nach spätestens zwei Stunden machen, danach folgen alle ein bis zwei Stunden kleinere Brotzeitpausen.

Alpenländisch-italienische Genusskost

Auch gegen die klassische »Brettljausn« mit Brot, Wurst, Speck und Käse auf einer Alm oder Hütte ist nichts einzuwenden – schließlich essen das Auge und die Lust mit. Zum Abendessen sollte man aber Gerichten mit viel Fett – wie etwa einem panierten Schnitzel mit Pommes – leichtere, kohlenhydratreiche Mischkost vorziehen. Nudeln mit Tomaten- oder Gemüsesauce und geriebenem Käse etwa füllen die Glykogenspeicher als Energielieferanten für den nächsten Tag wieder auf. Ein gepflegtes Glas Rotwein mit viel Wasser dazu ist okay, auch wenn Alkohol generell den Organismus belastet. Alkoholreduzierte oder -freie Biere sind gute Alternativen, zumal sie dem Schnarchen und ➔ *Abstürzen* vorbeugen.

Eine Vermüllung der Natur verhindert die Mitnahme des eigenen Abfalls grundsätzlich und komplett. Geeignete »Drecksäcke« als praktische Sammelbehälter gibt es im Fachhandel.

Chiemgau

Oder : Leichte Gipfel, urige Almen und
      : das »Bayerische Meer«

Die Landschaft im südöstlichen Bayern umfasst die Gebiete der Landkreise Traunstein und Rosenheim und erstreckt sich etwa im 50-Kilometer-Radius rund um den Chiemsee, den mit 82 Quadratkilometern Fläche größten bayerischen See, der auch »Bayerisches Meer« genannt wird. Im Westen geht der Chiemgau in das → *Bayerische Oberland* über, im Osten in den Rupertiwinkel und das Berchtesgadener Land, und im Süden bilden die Chiemgauer Alpen die Grenze zu Tirol.

Die letzte Eiszeit vor etwa 15 000 Jahren hat im Chiemgau eine abwechslungsreiche Voralpen- und Moränenlandschaft geschaffen, mit vielen sanften Anhöhen, idyllischen Wiesen-, Wald- und Moorflächen und zahlreichen kleineren Seen.

Vom »Bayerischen Meer« zu den Kaisersälen

In der historisch wie kulturell bedeutenden, ländlich-bäuerlich geprägten Chiemgauer Kulturlandschaft stehen Brauchtum und Trachtenpflege hoch im Kurs, was sicher zur Beliebtheit als Urlaubsziel beiträgt. Geschätzt wird auch das bestens ausgebaute Rad- und Wanderwegenetz, das wahlweise auf die Chiemgauer Hausberge, auf eine der ursprünglichen Almen oder ins sanfte Alpenvorland einlädt, zu vornehmlich leichten Touren mit hohem Genussfaktor.

Die Berge liegen meist deutlich unter der 2000-Meter-Marke: Den höchsten Gipfel, das Sonntagshorn (1961 m), erreicht man von der österreichischen Südseite in einer leichten Bergwanderung, während die bayerische Nordseite mit Ausgangspunkt hinter Ruhpolding eine abgeschiedene, anspruchsvolle Überschreitung mit kurzer Klettereinlage bietet.

Schnell und bequem in die Höhe bringen Bergbahnen u. a. am Rausch-berg, Hochfelln, an der Winklmoosalm und der berühmten Kampenwand (1669 m) über Aschau. Von der Steinlingalm zu den »Kaisersälen« und auf durch Tausende Begehungen blank polierten Trittstufen zum gigantischen »Chiemgaukreuz« hinaufzusteigen, um weit über den Chiemsee blicken zu können, gehört zum Pflichtprogramm.

Blumenberge und Bilderbuchdörfer

Dies gilt auch für die landschaftlich stimmungsvolle Bergwanderung auf den zweithöchsten Chiemgauer Gipfel, den Geigelstein (1813 m). Von Schleching im Osten wie von Sachrang im Westen führen leichte Wege auf den »Blumenberg des Chiemgaus«, in dessen Naturschutzgebiet viele seltene Pflanzen und Kräuter wachsen – die Sachranger Variante mit der Priener Hütte auf etwa halbem Weg eignet sich im Winter auch zum → *Rodeln*.

Vom bayerischen Bilderbuchdorf Sachrang wandert man auch auf den Spitzstein (1568 m) mit seiner klei-nen Gipfelkapelle und der jäh abfallenden Nordwand. Mit Übernachtung auf dem Spitz-steinhaus lässt sich am nächsten Tag die Über-schreitung des Klausenkamms angehen, die vorbei an der geschlossenen Klausenhütte ins Gebiet der Hochries führt. Die lange, nicht immer leichte Bergwanderung gehört zu den schönsten Touren im Chiemgau und endet auf der Hochries (1569 m).

Kaum zu glauben

Seit einigen Jahren sorgt der »Chiemgauer« für Aufmerksamkeit: Deutschlands erfolgreichste Regio-nalwährung gilt parallel zum Euro in mehr als 600 Geschäften vor Ort. Der Einkauf mit dem Regiogeld, für das es sogar eine »Regiocard-EC-Karte« gibt, macht die Vorteile regionaler Wirtschaftskreisläufe aus nächster Nähe erfahrbar.

Panoramen der Extraklasse

Egal, ob man deren gleichnamiges, ganzjährig geöffnetes Gipfelhaus per pedes über mehrfa-che Wegoptionen oder mithilfe der Hochries-bahn von Grainbach/Samerberg erreicht: Den freien Blick von der Hüttenterrasse auf die Alpenkette im Morgen- oder Abendlicht wird man so schnell nicht vergessen.

Von vergleichbarer Extraklasse ist das Panorama vom Hochgern (1748 m), den man nur aus eigener Kraft besteigen kann – mit dem Vorteil gerin-gerer Besucherzahlen. Von Marquartstein im Tal der Tiroler Ache geht es gemütlich über die urige Agergschwendalm zum ebenfalls ganzjährig geöffneten Hochgernhaus und zur kleinen Gipfelkapelle. Wählt man die Abstiegsvariante über die Staudacher Alm und die sehenswerte Schnappenkirche, kann man eine lohnende Rundtour ins Tourenbuch eintragen.

DAV

Oder ⋮ Der Alpen-ADAC?

23

Der Deutsche Alpenverein (DAV) ist nicht der älteste aller →*Alpenvereine*, aber mit über einer Million Mitgliedern der größte – die magische Marke wurde im Juni 2013 erreicht (2020 1,385 Mio.). In den letzten Jahren wuchs er jedes Jahr um vier bis fünf Prozent, dazu trugen auch jüngere Altersgruppen und Frauen bei – die Frauen stellen mittlerweile 43 Prozent der Mitglieder. Außerdem ist der DAV gesetzlich anerkannter Naturschutzverband (der größte Deutschlands) und verpflichtet sich, die Interessen von Naturschutz und Naturnutzung durch sinnvolle Konzepte zu versöhnen. Gegründet wurde der Verein 1869: Da der 1862 entstandene Österreichische Alpenverein ÖAV stark auf Wien und auf wissenschaftliche Arbeit fokussiert war, fanden sich am 9. Mai 1869 in München Bergsteiger aus dem Gebiet des Deutschen Reichs und von Österreich-Ungarn zusammen, um »einen deutschen Alpen-Verein ins Leben zu rufen«. Als Ziel nannten sie »die Durchforstung der gesammten deutschen Alpen, die erleichterte Bereisung derselben, sowie die Herausgabe periodischer Schriften«. Als wesentliche Väter dieser Idee gelten Franz Senn, Johann Stüdl, Karl Hofmann und Theodor Trautwein. Bei der Gründungsversammlung in der »Blauen Traube« in München wählten 36 Männer Gustav von Bezold zum Ersten Vorsitzenden, nach zehn Monaten zählte der Verein 22 Sektionen mit 1070 Mitgliedern. 1873 verbanden sich DAV und ÖAV zum Deutschen und Oesterreichischen Alpenverein (DuÖAV).

Zwischen Auslandsexpeditionen und Arierparagrafen

Bis 1918 hatte der Verband 100 000 Mitglieder in 417 Sektionen, betrieb 319 Schutzhütten in den Arbeitsgebieten der Sektionen, gab eine jährliche Zeitschrift und zweimonatliche Mitteilungen heraus, schuf das führende

Kartenwerk der Ostalpen und hatte eine Bücherei sowie ein Alpines Museum in München. Mit der Turkestan-Fahrt von Willi Rickmer-Rickmers wurde 1913 erstmals eine Auslandsexpedition gefördert.

Nach dem Ersten Weltkrieg wurden Sektionen in Südtirol, im Elsass und in der Südsteiermark aufgelöst, 91 Hütten und die Arbeitsgebiete in Südtirol fielen an Italien. Dagegen stieg die Mitgliederzahl rasant und verdreifachte sich innerhalb weniger Jahre. 1919 wurde die »Ausübung, Ausbildung und Förderung des Bergsteigens« als Kernaufgabe des Alpenvereins definiert, in den Tölzer Richtlinien von 1923 wurde der Neubau von Hütten und Wegen verboten (allerdings wurde dieses Verbot schon 1925 wieder aufgeweicht) und 1927 die Satzung erweitert um die Vereinsziele »Erhaltung der Ursprünglichkeit und Schönheit des Hochgebirges« und Jugendarbeit.

Gleichzeitig wurde der Bergsteigerverband von Nationalismus und Antisemitismus erfasst. 1920 wurde es zwei Sektionen genehmigt, »Arierparagrafen« in ihre Satzung aufzunehmen, und zahlreiche weitere taten es ihnen nach und grenzten damit Juden aus dem Verein aus. Als Gegenbewegung gründete sich in Wien die Sektion Donauland – sie wurde 1924 aus dem Verein ausgeschlossen, eine klare völkisch-antisemitische Positionierung. 1933 wurden die reichsdeutschen Sektionen in den Nationalsozialistischen Reichsbund für Leibes-übungen (NSRL) eingegliedert, nach dem Anschluss Österreichs 1939 der gesamte Verein als DAV. »Führer« des DAV wurde Arthur Seyß-Inquart (1946 vom Internationalen Militärgerichtshof in Nürnberg zum Tod verurteilt). So war der Verein gleichgeschaltet, nachdem viele Sektionen schon aktiv Juden ausgeschlossen hatten.

Den nationalsozialistischen Sündenfall, seine Hintergründe und Auswirkungen hat der Verein 2011 im Dokumentationsband zur Ausstellung »Berg Heil!« aufgearbeitet und dokumentiert. 2001 verabschiedete der Hauptausschuss eine Proklamation, in der er die »Vorgänge« vor allem in der Donauland-Affäre ausdrücklich bedauerte.

Bergsport und Naturschutz

Als nationalsozialistische Organisation war der Alpenverein nach 1945 zuerst verboten; die Hütten in Österreich wurden vom OeAV treuhänderisch verwaltet. Am 22. Oktober 1950 wurde der Deutsche Alpenverein in Würzburg neu gegründet, 1956 gab der OeAV die Hütten der westdeutschen Sektionen zurück, die ostdeutschen Hütten 1967. In der DDR blieb der DAV verboten, Bergsteiger und Kletterer kamen im Deutschen Verband für Wandern, Bergsteigen und Orientierungslauf (DWBO) unter; nach der Wende entstanden schon 1989 die ersten ostdeutschen Sektionen neu und schlossen sich 1990 dem DAV an.

Heute widmet sich der DAV vor allem den beiden Zielen Bergsport und Naturschutz und belegt damit, dass eine Nutzung der Natur ihr nicht schaden muss. 1958 wurde auf den Bau neuer Hütten endgültig verzichtet, 1977 in Rosenheim das »Grundsatzprogramm« für Naturschutz verabschiedet; seit 1984 ist der DAV in Bayern als Naturschutzverband anerkannt, seit 2005 auf Bundesebene.

Seit 1989 führt der Verein Kletterwettkämpfe durch, seit der Jahrtausendwende auch im Skibergsteigen; 1995 trat er in den Deutschen Sportbund (DSB, heute DOSB) ein, wo er die Fachkompetenz für alle Formen des Bergsports innehat.

Wesentliche Vereinsaufgaben sind der Leistungs- und Breitensport mit Ausbildung und Sicherheitsforschung, daneben der Erhalt der alpinen Lebensräume und das Bemühen, Bergsportler zu umwelt- und klimaschonendem Verhalten anzuleiten. Die Pflege der 323 Hütten und des 30 000 Kilometer langen Wegenetzes kostet den Bundesverband jährlich 10 Millionen Euro. Rund 220 Kletterhallen oder -anlagen werden von den Sektionen betrieben.

Der DAV unterhält neben dem Alpinen Museum in München auch die weltweit bedeutendste alpine Bibliothek, die zweimonatlich erscheinende Mitgliederzeitschrift »DAV Panorama« ist mit rund 670 000 Exemplaren die auflagenstärkste Bergsteigerzeitschrift weltweit, und das gemeinsam mit dem ÖAV und AVS herausgegebene Alpenvereinsjahrbuch erscheint jährlich. Die hundertprozentige Tochterfirma DAV Summit Club bietet Kurse und Bergreisen in den Alpen und den Bergen der Welt an. Die Jugendorganisation JDAV ist selbstständig organisiert.

Sektionen und Landesverbände

Die Vereinsstruktur ist seit Anbeginn zweistufig: Einzelpersonen werden Mitglied in einer der 357 lokalen Sektionen; diese bilden gemeinsam den Bundesverband. Die größten Sektionen München und Oberland haben jeweils rund 90 000 Mitglieder. Es gibt aber auch kleine Sektionen mit oft speziellem Zuschnitt wie die Sektion Bayerland (für »ausübende Bergsteiger strengerer Richtung«), den Alpenklub Berggeist (dem nur 100 Mitglieder angehören sollen), die Internet-Sektion Alpen.Net oder den Gay Outdoor Club, die »lesbisch-schwule Sektion des DAV«.

Aus organisatorischen Gründen wurden nach dem Eintritt des DAV in den DSB Landesverbände gegründet. Die Sektionen entsenden ihre Vorsitzenden in die DAV-Hauptversammlung, das höchste Vereinsorgan, das einmal jährlich tagt. Weitere Gremien sind der Verbandsrat mit Vertretern der Landesverbände und das seit 2014 siebenköpfige Präsidium.

Als gemeinnütziger Verein lebt der DAV vom Engagement der fast 30 000 ehrenamtlich für ihn tätigen Frauen und Männer, die jährlich rund zwei Millionen Stunden für den Verein arbeiten.

24 Deutscher Wanderverband

Oder : Traditionsreiches Dach fürs organisierte Wandern

Im »Verband Deutscher Gebirgs- und Wandervereine e.V.« oder griffiger im »Deutschen Wanderverband« mit Sitz in Kassel sind etwa 600 000 Wanderer organisiert, bundesweit verteilt auf 58 regionale Gebiets- oder → *Wandervereine* mit wiederum über 3000 Ortsgruppen oder Zweigvereinen. Zu den Aufgaben der Dachorganisation gehören neben der Betreuung der Wanderwege und Wanderheime und der Pflege des Wanderns auch Naturschutz-, Jugend-, Familien-, Medien- und Kulturarbeit. Alljährliche Hauptveranstaltung des Verbands ist der abwechselnd in den → *Mittelgebirgen* abgehaltene Deutsche Wandertag mit jeweils rund 30 000 Teilnehmern; Anfang Juli 2021 wurde die Großveranstaltung zum 120. Mal durchgeführt – bei Bad Wildungen.

1883 in Fulda als »Verband Deutscher Touristen-Vereine« gegründet, ging es anfänglich darum, »das Touristenwesen in Deutschland im Allgemeinen zu fördern«. Wesentliche Anliegen waren etwa Verkehrserleichterungen mit Preisermäßigungen auf Eisenbahnen, Dampfschiffen und in Gasthöfen und das Schaffen von Unterkünften für Wanderer und Jugendgruppen.

Jugendherbergswerk und Naturschutzorganisation

Nach dem Ersten Weltkrieg ging aus dem Wanderverband das Deutsche Jugendherbergswerk hervor. Wie andere Verbände wurden auch die Wanderorganisationen von den Nationalsozialisten gleichgeschaltet und 1933 Nichtarier und Kommunisten aus den Mitgliedsvereinen ausgeschlossen. Der Wiedergründung nach dem Krieg 1950 folgte zwei Jahre später der eigenständige Jugendverband Deutsche Wanderjugend. Auch an der Gründung der Europäischen Wandervereinigung EWV 1969 war der deutsche Verband wesentlich beteiligt.

Seit 1976 ist der Deutsche Wanderverband mit seinen Landesverbänden als anerkannte Naturschutzorganisation zu Stellungnahmen bei Eingriffen in die Natur berechtigt. Nach der Wende 1989 unterstützte er die Reorganisation und Neugründung ehemaliger Mitgliedsvereine aus dem »Deutschen Verband für Wandern, Bergsteigen und Orientierungslauf« der ehemaligen DDR.

Steigerung der Wander-Qualität

Als Interessenvertretung aller Wanderer auf überregionaler Ebene fördert der Deutsche Wanderverband die Einrichtung von touristisch und kulturell besonders interessanten und umweltverträglichen (Fern-)Wanderwegen. Dafür hat er die »Initiative Wanderbares Deutschland« ins Leben gerufen, die mit den zwei Gütesiegeln »Qualitätsweg Wanderbares Deutschland« und »Qualitätsgastgeber Wanderbares Deutschland« die Qualität beim Wandern steigern soll (→ *Prädikatswanderwege*).

Folgende Vorteile haben Mitglieder in einem zum Deutschen Wanderverband gehörenden Verein: Vergünstigungen bei Übernachtung in rund 150 Wanderheimen und diversen Hotels, bei Buch- und Magazinpreisen und bestimmten Reiseanbietern und Ausrüstern, die Anerkennung des Wanderns als Gesundheitsvorsorge in den Bonusprogrammen von von vielen Krankenkassen, das Deutsche Wanderabzeichen inklusive Urkunde (bei entsprechend dokumentierten Leistungen), Broschüren und Informationen, geführte Wandertouren und Anschluss vor Ort.

25 Deutsches Wanderinstitut

Oder : Wo das Wandern zur Wissenschaft wird

Nach dem Motto »Wir gestalten Wanderwelten« kümmert sich das Deutsche Wanderinstitut e. V. in Marburg darum, dass »in Deutschland und in den anderen europäischen Ländern wieder Wanderparadiese entstehen«. Spiritus Rector des Vereins ist der Natursoziologe und »Wanderpapst« Dr. Rainer Brämer, dessen langjährige Forschungen im Bereich Naturpädagogik auch das Wandern neu beleuchteten. Zusammen mit anderen unabhängigen Experten hat er das Wanderinstitut gegründet, um das Wandern als eine besonders intensive Form der Naturerfahrung wissenschaftlich zu erforschen, die Ergebnisse zu kommunizieren und die Entwicklung des Wandertourismus zu fördern.

Erkenntnisse aus repräsentativen Befragungen aktiver Wanderer und Untersuchungen zu nahezu allen Fragen des Wanderns münden in Konzepte für ein naturgemäßes Wandern in den Bereichen Freizeit, Urlaub, Bildung und Rehabilitation. So entstehen Ideen für Wanderprojekte und Planungen für erlebnisorientierte Wanderwege im Kurz- und Langstreckenbereich. Das vom Wanderinstitut entwickelte »Deutsche Wandersiegel Premiumweg« bietet hierfür Zertifizierungen von regionalen Wanderwegen und von lokalen Extratouren an (→ *Prädikatswanderwege*).

26 Deutschland

Oder : 16 Paradiese für Wanderer

Ob an den Küsten von Nord- und Ostsee, in der Seenlandschaft Mecklenburg-Vorpommerns, ob in den Mittelgebirgen von Sachsen-Anhalt bis Baden-Württemberg oder in den Bergen Bayerns: Deutschland ist ein Wanderparadies mit unzähligen Natur- und Kulturschätzen, die oft direkt vor der Haustür liegen. Fast 200 000 Kilometer befestigte Wander-, Fern-

und Weitwanderwege machen das → *Wandern* landauf, landab ungemein abwechslungsreich. In jedem Bundesland findet man lohnende Touren.

BADEN-WÜRTTEMBERG – höchster Punkt: Feldberg (1493 m; Schwarzwald)
Tausende Kilometer gut ausgebauter und markierter Wanderwege schlängeln sich durch Täler und über Berge, durchziehen Wälder, Städte und Dörfer im »Ländle«. Große wie kleine Tageswanderungen stehen neben anspruchsvollen Mittelgebirgstouren im → *Schwarzwald* (z. B. Westweg, Schluchtensteig) oder auf der → *Schwäbischen Alb* (z.B. Donau-Zollern-alb-Weg), wo der Schwarzwaldverein und der Schwäbische Albverein ein ausgedehntes Wanderwegenetz unterhalten und viele Informationen bieten. Beliebte Wanderregionen im Südwesten sind auch das Hohenloher Land, das Neckartal, der Odenwald, das Taubertal, der Schwäbische Wald, die Bodensee-Region oder das Württembergische Allgäu.
Den reinen Naturgenuss um historische Facetten erweitern kann, wer auf den Spuren der Römer den Limes-Wanderweg begeht, der durch zwei Naturparks führt. Wer den Jakobspilgern nacheifern möchte, kann sich auf den Fränkisch-Schwäbischen Jakobsweg (Rothenburg ob der Tauber – Ulm) begeben oder auf den Jakobsweg Tauber-Neckar (Rothenburg ob der Tauber – Rottenburg am Neckar).
Über 50 aufs Bundesland verteilte »Permanente Wanderwege« (→ *Volkswandern*) verlocken zum ganzjährigen Wandern, und urige Wirtshäuser und gemütliche Unterkünfte warten mit bodenständigen regionalen Speisen, guten Weinen und herzlichen Gastgebern auf.

BAYERN – höchster Punkt → *Zugspitze* (2962 m; Wettersteingebirge)
Deutschlands beliebtestes Ferienland spielt auch beim Wandern ganz vorne mit und kann auf sagenhafte 40 000 Kilometer markierte Wege verweisen. Zwischen Lindau und Berchtesgaden locken entlang des etwa 400 Kilometer langen deutschen Alpenbogens die sieben Bergregionen der Bayerischen Alpen zum → *Bergwandern* auf leichte bis anspruchsvolle Gipfel.
In den Allgäuer Alpen (→ *Allgäu*), → *Ammergauer Alpen*, im Wettersteingebirge, Karwendelgebirge, in den Bayerischen Voralpen (→ *Bayerisches Oberland*), den Chiemgauer Alpen (→ *Chiemgau*) und den Berchtesgadener Alpen bilden schroffe Felswände, grüne Almwiesen, blaue Bergseen und sonnengebleichte Holzfassaden von Almen und Hütten die typisch bayerische Berg-Kulturlandschaft, die süchtig machen kann.

Neben den beiden →*Nationalparks* Berchtesgaden und →*Bayerischer Wald* bergen 18 über den Freistaat verteilte Naturparks auf über 22 000 Quadratkilometern Fläche besondere Naturschätze, etwa im Fichtelgebirge, in den Haßbergen, im bayerischen Teil von →*Rhön* und Spessart, im Frankenwald und der Fränkischen Schweiz, im Oberpfälzer Wald, aber auch im Altmühltal oder in den Westlichen Wäldern um Augsburg. Ob in den Alpen oder in den bayerischen Mittelgebirgen – Bayerns Regionen sind mit fantastischen Wandermöglichkeiten gesegnet.

BERLIN – höchster Punkt: Teufelsberg (120 m; Grunewald)
Wer in der deutschen Hauptstadt zu Fuß unterwegs ist, wird Berlins zahllose große und kleine Sehenswürdigkeiten und die besondere Atmosphäre der erstaunlich grünen Metropole auf vielen »Stadt-Wanderausflügen« entdecken, z. B. auf einer Wanderung von Potsdam zum Großen Wannsee und zurück zur Glienicker Brücke, auf der im Kalten Krieg die Agenten ausgetauscht wurden. Auch der etwa 3000 Hektar große Grunewald ist geeignetes Wandergelände, nicht nur weil hier die Müggelberge und der aus Kriegstrümmern aufgeschüttete Teufelsberg liegen.
Rund um den Großraum Berlin führt der 66-Seen-Wanderweg (→*Brandenburg*); Berlin berührende Fernwanderwege sind der Brandenburgische Jakobsweg (Berlin – Brandenburg – Sachsen-Anhalt) und der 2500 Kilometer lange Europäische Fernwanderweg E 11 (Niederlande – Polen).

BRANDENBURG – höchster Punkt: Kutschenberg (201 m; Kmehlener Berge, Lausitz)
Brandenburg bietet mit über 2000 Kilometern Wegenetz ideale Voraussetzungen, das wald- und gewässerreiche Bundesland per pedes zu entdecken. 15 »Nationale Naturlandschaften« umfassen stille Seen, Bäche und Flussauen, blühende Wiesen und schattige Wälder, in denen sich Wild- und Wassertiere und seltene Pflanzenarten beobachten lassen. Neben den traditionellen Fremdenverkehrsregionen Spreewald, Uckermark oder Märkische Schweiz lohnen Gebiete den Besuch, die jahrzehntelang unzugänglich waren, weil ehemalige Truppenübungsplätze, wie etwa in den Naturparks Nuthe-Nieplitz oder Niederlausitzer Heidelandschaften oder einstige Braunkohlegruben im Naturpark Niederlausitzer Landrücken. Zum Natur- und Erholungsraum gemausert hat sich auch der waldreiche Naturpark Hoher Fläming mit dem Burgenwanderweg und dem Kunstwanderweg. Mit über 400 Kilometern Strecke ist der 66-Seen-Wanderweg Branden-

burgs Hauptwanderweg – und einer der attraktivsten deutschen Flach-
landwanderwege. Ausgedehnte Laubwälder gibt es hier zu entdecken,
Nadelwälder, sehenswerte Schlösser- und Parklandschaften und unberührte Auwälder. Bäche und Flüsse, Tümpel, Teiche und Seen wechseln
mit vielgestaltigen Agrarlandschaften und kleinen, verträumten Dörfern
ab, und alle Wanderetappen lassen sich gut mit den öffentlichen Verkehrsmitteln erreichen und auch wieder verlassen.

Der Märkische Landweg durchquert auf
zehn Etappen den Naturpark Uckermär-
kische Seen, das Biosphärenreservat
Schorfheide-Chorin und den Nationalpark Unteres Odertal. Hier wandert man durch eine von der Eiszeit
geformte Landschaft, geprägt von
Wiesen, Feldern und Wäldern.
Die dünn besiedelte Region
nahe der Oder gilt europaweit
als intakteste Flussauenland-
schaft, für Wasservögel ist sie
ein paradiesischer Brut-, Rast-
und Überwinterungsplatz.

BREMEN – höchster Punkt im
Friedehorstpark (32 m; Stadtgebiet)
Auch in und um den kleinsten deutschen Stadtstaat kann man wandern
– nicht nur auf einer Tour durch die
zum Weltkulturerbe erklärte Altstadt.
Südlich von Bremen etwa lohnt die Wanderung von Syke durch die Barrier
Schweiz. Zwei Fernwanderwege führen nach Bremen oder von dort in
die Umgebung: der Pickerweg, ein historischer Handels- und Pilgerweg,
auf dem sich nach Osnabrück wandern lässt, und der Geestweg, der über
177 Kilometer aus dem Emsland in die Hansestadt führt.

HAMBURG – höchster Punkt: Hasselbrack (116 m: Harburger Berge)
Die zweitgrößte Stadt Deutschlands hat viele grüne Ecken, und acht Prozent ihrer Fläche in Naturschutzgebieten sind unter Schutz gestellt. Darüber hinaus laden zahlreiche Parks und Wälder, die Elbe, der Hafen und die

Alster zu Spaziergängen und Wanderungen ein. Eine kurze Runde führt durch Hamburgs Stadtpark, ausgedehnter wandert man entlang der Elbe, rund um die Außenalster oder auf dem Alsterwanderweg durchs Alstertal, möglicherweise bis zur Alsterquelle in → *Schleswig-Holstein*.

Weitere Wandermöglichkeiten bieten z. B. die Boberger Dünen mit Hamburgs letzter Wanderdüne, die Naturschutzgebiete Duvenstedter Brook, Wohldorfer Wald und Fischbeker Heide, die Schwarzen Berge um Harburg oder das für seinen Apfelanbau bekannte Alte Land. Mehrere Fernwanderwege streifen Hamburg, so der Schlei-Eider-Elbe-Wanderweg von Schleswig bis nach Wedel bei Hamburg oder der Europäische Wanderweg E 1, der entlang der Ostseeküste an Kiel, Eutin und Lübeck vorbei mitten durch Hamburg führt.

HESSEN – höchster Punkt: Wasserkuppe (950 m; Rhön)

Die hessischen Wanderregionen bieten eine Fülle von Natur- und Kulturschätzen, die man auf sogenannten Entdecker- oder Extratouren erwandern kann. Über ein Dutzend Wege in den Mittelgebirgen tragen inzwischen ein Gütesiegel (→ *Prädikatswanderwege*), sodass ein abwechslungsreiches und spannendes Wandererlebnis garantiert ist. Dazu zählen der Alemannenweg im Vorderen Odenwald, der Lahn-Wanderweg, der Taunus-Schinderhannes-Steig oder der Kellerwaldsteig, der in zwölf Etappen rund um den Nationalpark Kellerwald-Edersee führt. Im Schutzgebiet liegt einer der letzten und größten zusammenhängenden Rotbuchenwälder Mitteleuropas. Hier soll nach dem Motto »Natur Natur sein lassen« auf knapp 60 Quadratkilometern Fläche neue Wildnis entstehen – 2011 wurde ein Teil zum UNESCO-Weltnaturerbe erhoben. 20 Wanderwege führen durch den Nationalpark, spektakuläre Einblicke in die Waldwildnis mit bis über 1000 Jahre alten Baumriesen eröffnet der Urwaldsteig Edersee.

Weitere wichtige hessische Wanderregionen sind: Spessart, Knüllgebirge, Habichtswald, Burgwald und die Täler von Werra und Rhein. Auch Fernwanderfreunde kommen im Hessischen auf ihre Kosten: Ab Wiesbaden kann man in den Rheinsteig einsteigen, ab Willingen oder Dillenburg in den Rothaarsteig

Kaum zu glauben

Der Vogelsberg liegt 60 km nordöstlich von Frankfurt und ist mit einer Ausdehnung von 2500 km² das größte zusammenhängende Vulkangebiet Europas. Im Naturpark Hoher Vogelsberg wandert man durch eine bizarre Basalt-Felslandschaft des vor etwa 7 Mio. Jahren erloschenen Riesenvulkans.

(→ *Steige*). Die → *Rhön* lockt mit dem Hochrhöner, während im Westerwald der Westerwaldsteig von Herborn bis Bad Hönningen durch schattige Wälder und über sonnige Höhen führt.

MECKLENBURG-VORPOMMERN – höchster Punkt: Helpter Berge (179 m; Mecklenburgische Seenplatte)

Mit unzähligen Seen, 1900 Kilometern Küstenlinie, drei Nationalparks und sieben Naturparks hat sich Mecklenburg-Vorpommern als Wanderland einen Namen gemacht. Gute Wegenetze sind Basis für Tages- und Mehrtagestouren zu Fuß, mit dem Rad – oder vom Wasser aus. An der Mecklenburgischen Ostseeküste ist man unterwegs zwischen sanften Hügeln, weiten Feldern, alten Baumalleen und dunklen Wäldern. Stolze Hansestädte, mondäne Seebäder, malerische Fischerdörfer bilden den Kontrast zu den Sandstränden und Steilküsten der Ostsee.

Als Bestandteil des Nationalparks Vorpommersche Boddenlandschaft gehört die Halbinsel Fischland-Darß-Zingst zu den schönsten Landschaften der Region. Die schmale Landzunge zwischen Meer und Bodden lässt sich auf den Darßer Sterntouren erkunden.

Legendären Ruf genießt die Insel Rügen. Zu den »Top Ten« der deutschen Wanderziele zählt der Hochuferweg über der Kreideküste im Osten der Insel, der den kleinen Nationalpark Jasmund bildet. Die Wanderung von Sassnitz nach Lohme führt über die Wissower Klinken – die wohl Modell standen für das berühmte Bild »Kreidefelsen auf Rügen« von Caspar David Friedrich – zum bekannten Königsstuhl.

Die Mecklenburgische Seenplatte mit mehr als 2000 Seen lässt sich von der Krakower Seenlandschaft bis zur Feldberger Seenlandschaft vielfach durchwandern. Große Teile der Region nimmt der Müritz-Nationalpark mit seiner beeindruckenden Tier- und Pflanzenwelt ein. Auf sechs GPS-gestützten Wanderrouten kann man Fisch- und Seeadler, Schwarzstorch, Eisvogel und Fischreiher beobachten, aber auch Fischotter und Biber zwischen Seerosen, Schwertlilien und Orchideen. Sanften Hügeln verdankt die Mecklenburgische Schweiz zwischen Teterow und Malchin ihren Namen. Ihre Naturschätze sind im Naturpark Mecklenburgische Schweiz-Kummerower See beheimatet.

NIEDERSACHSEN – höchster Punkt: Wurmberg (971 m; Harz)

Das zweitgrößte Bundesland (nach Bayern) bietet zwischen Nordsee und → *Harz* jede Menge Landschaft, die sich auf Schusters Rappen entdecken lässt: so an der Nordsee, zwischen Elbe und Weser, in Ostfriesland, der Lüneburger Heide oder im Weserbergland. Wattwanderungen im Nationalpark Niedersächsisches Wattenmeer versprechen ein einmaliges Wandererlebnis, wenn bei Ebbe der Meeresgrund trocken fällt, sodass man weit ins Watt hinaus wandern und Muscheln, Krebse, Wattwürmer und Austernfischer bestaunen kann – wohlgemerkt in Begleitung eines anerkannten Wattführers, damit aufkommender Nebel oder volllaufende Priele nicht zum Verhängnis werden. Wattwanderwege reichen von der kindertauglichen Variante, z. B. in Eckwarderhörne, über die zweieinhalbstündige Wanderung von Neßmersiel zur Insel Baltrum bis hin zur siebenstündigen Tour zum Arngaster Leuchtturm.

Im Hinterland der Küste ziehen 13 niedersächsische Naturparks Wanderer, Radfahrer und Naturliebhaber an. Die Harburger Berge grenzen mit ihrem recht zerklüfteten Nordteil an Hamburg, während der Südteil in die berühmte Lüneburger Heide reicht. Abwechslungsreich und gut ausgeschildert eignen sich dort ausgewiesene Themenwege für Tagesausflüge, während der 223 Kilometer lange Heidschnuckenweg von Hamburg-Fischbek nach Celle komplett durch die weitläufigen Heideflächen führt. Auf den 225 Kilometern des Weserbergland-Wegs erlebt man Highlights wie das Hochmoor Mecklenbruch, die Münchhausenstadt Bodenwerder, das Weserrenaissance-Schloss Hämelschenburg oder die Rattenfängerstadt Hameln. Und im Osten des Weserberglands verläuft der Ith-Hils-Weg – auf Kammwegen führt die 80-Kilometer-Runde zu eindrucksvollen Klippen und historischen Kultstätten.

NORDRHEIN-WESTFALEN – höchster Punkt: Langenberg (843 m; Rothaargebirge)

Wanderer schätzen die ausgezeichneten nordrhein-westfälischen Wanderwege, ob im Teutoburger Wald, im Sauerland, in der Eifel oder am Rhein. Im Bergischen Land kann man auf den »Bergischen Streifzügen« aus 24 Ganz- und Halbtagestouren auswählen und Natur und Kultur zugleich erleben – jede Route widmet sich einem anderen historischen, naturkundlichen, literarischen oder technischen Thema.

Wer Fernwanderwege bevorzugt, wird im Teutoburger Wald fündig, auf den »Hermannshöhen«, die der Hermannsweg und der Eggeweg auf zusammen 230 Kilometer über das schmale Mittelgebirgs-Rückgrat erschließen. Die traditionsreichen Kammwege verbinden Münsterland, Sauerland und Teutoburger Wald und führen zu den Sandsteinfelsen der Externsteine bei Horn-Bad Meinberg wie zum imposanten Hermannsdenkmal bei Detmold. Die Sauerland-Waldroute zieht von Iserlohn nach Marsberg und quert auf 110 Kilometern Weg den Naturpark Arnsberger Wald, während der Sauerland-Höhenflug auf 400 bis 800 Metern Höhe auf den Bergkämmen verläuft und atemberaubende Weitblicke erlaubt.

Fels und Wasser begleiten den Eifelsteig auf einer Länge von gut 300 Kilometern von Aachen nach Trier. Seine Etappen in NRW führen durch die Moorlandschaft des Hohen Venn sowie durch das einsame Rurtal und tangieren die Stauseen der Nordeifel. Im Nationalpark Eifel bietet der »Wildnis-Trail« ein Wander-Highlight: Er durchquert das Schutzgebiet und lässt Wanderer beobachten, wie sich ehemals von Menschenhand gestaltete Landschaften wieder in Buchen-Urwälder verwandeln. Bekannte »Wanderperlen« in NRW sind auch der Rothaarsteig und der Rheinsteig.

RHEINLAND-PFALZ – höchster Punkt: Erbeskopf (816 m; Hunsrück)
Über hundert kürzere Touren und zehn prämierte Fernwanderwege bieten in den zehn rheinland-pfälzischen Urlaubsregionen schier endlose Wanderoptionen in malerischen Flusslandschaften und Mittelgebirgen. Damit ist das wald- und weinreichste Bundesland ein Top-Wandergebiet. Durch die Vulkaneifel mit ihren tiefblauen Maaren etwa ziehen die Etappen des Eifelsteigs, aber auch die Vulkaneifel-Pfade auf lohnenden Tagestouren. Das Moseltal in seiner gesamten Länge kann man auf dem 2014 eröffneten Moselsteig erkunden, inklusive Abstecher auf den Calmont-Klettersteig, der durch einen der steilsten Weinberge der Welt führt. Umrahmt von Mosel, Nahe, Saar und Rhein liegt der Hunsrück, dessen einsame Wälder, Moore und charakteristische Felsformationen man am besten auf dem Saar-Hunsrück-Steig entdeckt – der Premiumweg verläuft auf 226 Kilometern von Perl bis Idar-Oberstein oder Trier.

Rhein, Sieg, Dill und Lahn begrenzen die grüne Oase des Westerwalds. Durch das größte zusammenhängende Waldgebiet in Rheinland-Pfalz führt der Westerwald-Steig, der acht abwechslungsreiche Naturräume mit schattigen Wäldern und sonnigen Höhen quert. Die Pfalz als südlichste der rheinland-pfälzischen Regionen allein besitzt mehr als 10 000 Kilometer Wanderwege im Rebenmeer an der Deutschen Weinstraße und im Biosphärenreservat Pfälzer Wald. Erwandern kann man die Pfälzer Landschaften auf dem Pfälzer Höhenweg, dem Pfälzer Waldpfad und dem Pfälzer Weinsteig, der das Haardtgebirge und das Weinbaugebiet Pfalz mit kernigen Anstiegen und weiten Ausblicken erschließt.

SAARLAND – höchster Punkt: Dollberg (695 m; Dollberge, Naturpark Saar-Hunsrück)

Die Nähe zu Frankreich charakterisiert das Saarland auch als Wanderziel. So verknüpfen bislang sieben »Saarland-Tafeltouren« Tageswanderungen in reizvoller Landschaft mit exzellenter Küche, durch die ein Hauch französischer Haute Cuisine weht. Im Naturpark Saar-Hunsrück etwa wandert man auf der Wadrilltal-Tafeltour zur einzigen saarländischen Jungviehalm samt Almhütte; den kulinarischen Part kredenzt der Landgasthof Paulus. Im Bliesgau führt eine weitere Tafeltour entlang von Streuobstwiesen und Waldsäumen durch die »Toskana des Saarlands« – die Gastronomie direkt an der französischen Grenze spricht für sich. Auf ihrem Weg zur Mosel hat sich die Saar bei Mettlach 200 Meter tief in den Untergrund eingegraben und dabei den imposanten Mäander der Saarschleife ausgebildet. Auch zum Wahrzeichen des Saarlands führt eine Tafeltour, die Natur- und Gastro-Erlebnis verbindet. Wer gern sportlich ambitionierter wandert, kann sich auf dem Felsenweg oder auf der Litermont-Gipfeltour beweisen, die über schmale Waldpfade in felsiges Vulkangestein führen und tolle Ausblicke bieten. Dies sind zwei weitere von insgesamt 60 Premiumwegen (→ *Prädikatswanderwege*) im Saarland.

SACHSEN – höchster Punkt: Fichtelberg (1215 m; Erzgebirge)

Mit seinen Naturreichtümern im → *Elbsandsteingebirge* und im → *Erzgebirge* gehört Sachsen zu den klassischen deutschen Wanderzielen. Neben diesen Top-Gebieten gibt es viele weitere reizvolle Wanderziele zu entdecken, die auf gut ausgeschilderten Wegen die Besonderheiten des Freistaats nahebringen. Durch das Sächsische Burgen- und Heideland etwa führt der Muldentalweg, der auf 100 Flusskilometern Auenlandschaften und Feuchtgebiete zeigt und 1000 Jahre Geschichte nacherleben lässt. Besondere Erlebnisse für Auge und Gaumen bietet der Sächsische Weinwanderweg entlang der Sächsischen Weinstraße zwischen Pirna und Diesbar-Seußlitz – die besten Lagen und die urigsten Weinkeller sind als Tagesetappen und als Rundwanderung zu erkunden.

Den südöstlichen Zipfel Sachsens im Dreiländereck Deutschland–Polen–Tschechien durchquert man auf dem Oberlausitzer Bergweg. Hier lockt das Zittauer Gebirge Aktivurlauber auf die Gipfel des kleinsten deutschen Mittelgebirges oder in die beiden Klettersteige »Nonnensteig« und »Alpiner Grat«, die, auch wenn sie kurz sind, Klettersteigset, Helm und etwas Armschmalz erfordern. Im südwestlichen Eck des Freistaats können Naturfreunde auf dem Rundkurs des Vogtland-Panorama-Wegs 230 Wanderkilometer sammeln. Der erste ostdeutsche »Qualitätsweg Wanderbares Deutschland« (→ *Prädikatswanderwege*) beeindruckt gleich zu Beginn mit der Göltzschtalbrücke, der größten Ziegelsteinbrücke der Welt.

SACHSEN-ANHALT – höchster Punkt: Brocken (1141 m; Harz)

Mehr als 200 Natur- und Landschaftsschutzgebiete verlocken in Sachsen-Anhalt zu Wanderausflügen. Dazu gehören die unverwechselbaren Landschaften im → *Harz*, der ein eigenes Stichwort verdient, aber auch die Naturparks Drömling und Dübener Heide. Letztere liegt in die Flusslandschaften von Elbe und Mulde eingebettet, ist der größte Mischwald Mitteldeutschlands und besitzt rund 1000 Kilometer Wege, die das weitläufige Wald-, Seen- und Moorgebiet durchziehen. Auf der »HeideBiber-Tour« von Bad Düben nach Bad Schmiedeberg sind Spuren der Biber zu bewundern, während Kraniche und Seeadler über den Köpfen kreisen. Im Südharz reihen sich wie auf einer Perlenschnur geologische Besonderheiten aneinander, die der »Karstwanderweg« auf 233 Kilometern miteinander verbindet. Von Förste (nahe Osterode) bis Pölsfeld trifft man auf Höhlen, Erdfälle und Dolinen, Karstquellen, Bachschwinden, Karstkegel, Schlotte und weiße Wände, gebildet aus dem hier vorherrschenden Gipsgestein. Schautafeln erläutern die Karst-Phänomene entlang der Route.

Gartenfreunde können viele sachsen-anhaltische Parks und Gärten zu Fuß durchstreifen: Bauerngärten, Gutsparks, Schlossparks, Klostergärten und Kurparks gehören zu den 43 »Gartenträumen«, darunter das Weltkulturerbe Gartenreich Dessau-Wörlitz. Und Wander- und Weinliebhaber kommen in der Saale-Unstrut-Region an der Grenze zu Thüringen auf ihre Kosten (→ *Wein(berg)wandern*). Sachsen-Anhalt komplett durchwandern kann man auf dem Europäischen Fernwanderweg E 11, vorbei an der Burg Falkenstein über die Lutherstadt Eisleben und über Halle (Saale) und Dessau nach Coswig. Die 370 Kilometer lange Route des Jakobuswegs steuert landesweit 22 Pilgerstationen an, und auch der Lutherweg zieht durch Sachsen-Anhalt.

SCHLESWIG-HOLSTEIN – höchster Punkt: Bungsberg (167 m; Holsteinische Schweiz)

Charakteristisch für das nördlichste Bundesland sind die Küsten von Nord- und Ostsee. Während die Nordseeküste seit 1985 im Nationalpark Wattenmeer geschützt und ein Mekka für Wattwanderer ist (→ *Nationalparks*), entwickelte sich die Ostseite zur »Laufküste« für Wanderer und Radfahrer, die viele Hundert Kilometer ausgeschilderte Strecken vorfinden, gesunde Meeresluft inklusive. Und in der Mitte ist Schleswig-Holstein gar nicht so »platt« wie erwartet: Bewaldete Hügel, grüne Wiesen und idyllische Seen locken Wanderer an, die auf dem »Naturparkweg« alle fünf Naturparks des Bundeslands durchwandern können, auch die Holsteinische Schweiz im östlichen Hügelland, eine besonders beliebte Ausflugsregion. Zwischen Kiel und Lübeck gelegen, bietet sie abwechslungsreiche Touren für Wanderer und Radfahrer – und am Bungsberg den einzigen Skilift des Bundeslands. Von Küste zu Küste leitet der »Nord-Ostsee-Wanderweg« – auf 117 Kilometern Strecke von Meldorf bis Kiel führt er durch Marsch und Geest und begleitet über weite Teilabschnitte den Nord-Ostsee-Kanal. Mehr als doppelt so lang ist der Fernwanderweg »Schlei-Eider-Elbe«, der Schleswig an der Schlei mit Hamburg-Blankenese verbindet. Dort schließt er an den Europäischen Fernwanderweg E 1 (Nordsee–Bodensee–Gotthard–Mittelmeer) und bei Schleswig an den E 6 (Ostsee–Wachau–Adria) an.

THÜRINGEN – höchster Punkt: Großer Beerberg (983 m; Thüringer Wald)

Endlose Wälder, fast tausend Meter hohe Gipfel, informative Themenwege und weitläufige Naturparks lassen das »grüne Herz« Deutschlands in den Herzen vieler Wanderfreunde aufleuchten. Die bekannteste Wanderregion ist der → *Thüringer Wald* mit dem Rennsteig als einem der beliebtesten Höhenwege Deutschlands. Doch Thüringen hat noch mehr zu bieten: Mehr als 16 000 Kilometer Wege warten z. B. im Nationalpark Hainich auf Entdeckung. Zwischen Eisenach, Mühlhausen und Bad Langensalza kann man das größte Laubwaldgebiet Deutschlands auf eigene Faust erkunden oder sich einer geführten Tour anschließen. Direkten Einblick in die Welt der Baumwipfel-Bewohner bietet der über 500 Meter lange »Baumkronenpfad«. Auf 136 Kilometern Länge verbindet der Panoramaweg Schwarzatal den Thüringer Wald mit dem Burgenland der Saale, bietet Erholung in harmonischer Kulturlandschaft, in der einst »Buckelapotheker« Kräuter und Heilpflanzen sammelten und zu »Olitäten« verarbeiteten. Nur 37 Wanderkilometer sind nötig, um auf dem Kyffhäuserweg eines der kleinsten deutschen Mittelgebirge zu durchstreifen. Dessen Naturschönheiten reichen von der steppenartigen Pflanzenwelt im Südkyffhäuser bis zum Schatten spendenden Buchenwald am Nordrand des Gebirges.

In Thüringen nahm die Reformation Luthers ihren Ausgang, und sie wirkt bis heute, was man auf dem Lutherweg nachempfinden kann. Etwa 1000 Kilometer wandert oder pilgert man durch ganz Thüringen, um sich mit dem Reformator und seinen Wirkstätten auseinanderzusetzen. Auf Luthers Spuren »Gehen, schauen, beten, zur Ruhe kommen« lautet hier die Devise.

Elbsandsteingebirge

Oder : Einzigartiges Freistaat-Felsenland

27

Wie der Name schon besagt, besteht das Elbsandsteingebirge vorwiegend aus Sandstein, liegt am Oberlauf der Elbe, zwischen der tschechischen Stadt Decín und dem sächsischen Pirna, und ist etwa 700 Quadratkilometer groß. Im Decínský Snežník (Hoher Schneeberg) erreicht es 723 Meter Höhe, der höchste Gipfel auf deutschem Gebiet ist der Große Zschirnstein (561 m). Den Anteil im Freistaat Sachsen bezeichnet man auch als Sächsische Schweiz, den tschechischen Anteil als Böhmische Schweiz (Ceské Švýcarsko). Die Einzigartigkeit des stark zerklüfteten Felsgebirges beruht auf dem außerordentlichen Formenreichtum auf engstem Raum, dem ökologisch bedeutsamen Wechsel von flachem Land, Schluchten, Tafelbergen, Felsrevieren und Waldbereichen. Diese Vielfalt unterschiedlicher Standorte mit ihren speziellen Boden- und Mikroklima-Verhältnissen begünstigt eine enorme Artenvielfalt, die anderswo kaum zu finden ist – ein Grund dafür, dass große Teile des Elbsandsteingebirges in den Nationalparks Sächsische Schweiz und Böhmische Schweiz unter Schutz stehen.

Sachsenstein, Lilienstein und Großer Zschirnstein

Seit die spektakuläre Landschaft im 19. Jahrhundert touristisch erschlossen wurde, zieht sie Naturliebhaber in ihren Bann. Sportlich Ambitionierte versuchen sich im »Sächsischen Bergsteigen« und klettern nach strengem

Reglement auf die über 1100 frei stehenden Kletterfelsen. Wanderer können etwa 1200 Kilometer markierte Wege nutzen, beispielsweise im Bielatal, das mit seinen kuriosen Felstürmen und -nadeln auch zu den beliebtesten Klettergebieten gehört. Entlang des reizvollen Weges passiert man den Sachsenstein, die Johanniswacht, den Aussichtspunkt der Kaiser-Wilhelm-Feste und die Herkulessäulen.

Von Königstein aus kann man über den Südanstieg den Lilienstein besteigen. Auf dem bekanntesten Tafelberg der Sächsischen Schweiz zeugt ein Obelisk von der Besteigung durch Kurfürst August den Starken im Jahr 1708. Die Rundtour führt über steile Leitern den Nordaufstieg hinunter zur Franzosenbornquelle – hier lagerten einst Napoleons Soldaten – und unterhalb des Mulattenkopfs zurück zum Startpunkt.

Auch die höchste Erhebung, den Großen Zschirnstein, erwandert man unproblematisch von Kleingießhübel aus. Und auch hier erinnert der Abstecher zur Wildbrethöhle an herrschaftliche Zeiten, in denen die Blocktrümmerhöhle Zwischenlager für das auf königlicher Jagd erlegte Wild war.

Wo sich Künstler inspirieren ließen

Historischen Bezug hat auch der Malerweg, der 2006 nach historischen Reiseführern und Kunstwerken rekonstruiert, neu ausgeschildert und den Qualitätsansprüchen heutiger Wanderer angepasst wurde. Wo einst Maler, Musiker und Literaten Inspiration für ihre Werke suchten, führen

heute 112 genussreiche Wanderkilometer in acht Tagesetappen quer durch die wildromantische Felsenwelt der Sächsischen Schweiz – und zu ihren wichtigsten Attraktionen wie Festung Königstein, Pfaffenstein, Barbarine, Kuhstall, Affensteine, Schrammsteine, Kirnitzschtal, Burg Hohnstein, Felsenbühne Rathen, Bastei und viele mehr. Manchmal muss man sogar ein bisschen Hand anlegen, wenn Treppen und Stiegen mit kurzen Versicherungen den Aufstieg durch die Felsen zu den spektakulären Aussichtspunkten erleichtern (→ *Steige*).

Erste Hilfe

Oder : Was tun bei einem Berg-Unfall?

28

Vier Aussagen vorweg:

a Es passieren weniger Bergunfälle als gedacht. Setzt man die Unfallzahlen in Relation zu den Aktivitätsstunden, ist Bergsport weniger gefährlich als Fußball.

b An den meisten Unfällen sind die Opfer selbst mit schuld. Gute Planung und Aufmerksamkeit während der Tour sind die wichtigsten, weil vorbeugenden Erste-Hilfe-Maßnahmen.

c Im Ernstfall ist es zu spät zum Überlegen! Ein Erste-Hilfe-Kurs von acht Doppelstunden gehört zu einer guten Alpinismus-Ausbildung dazu. Besonders lehrreich sind Kurse mit realen Fallbeispielen in Outdoor-Settings (z. B. bei www.danihornsteiner.de).

d Nur wer ein (zumindest kleines) Erste-Hilfe-Päckchen im Rucksack hat, kann wirklich sinnvoll helfen (→ *Notfall*).

Das A und O der Ersten Hilfe

Sinnvolle Hilfe bei Bergunfällen läuft immer nach einem grundsätzlichen Schema ab:

1 Überblick verschaffen. Ein paar Sekunden durchschnaufen und schauen, was passiert ist und welche Bedrohungen bestehen – das ist die Grundlage für effizientes Helfen.

2 Sicherheit herstellen. Bestehen ernste Bedrohungen (z. B. durch Steinschlag), müssen alle Beteiligten zuerst aus der Gefahrenzone gebracht werden, aber natürlich so schonend wie in der gebotenen Eile möglich. Aber auch nur, wenn man sich dabei nicht selbst in zu große Gefahr bringt – eine möglicherweise schwierige Abwägung.

3 Ansprechbarkeit testen. Nahe beim Betroffenen kniend, spricht man ihn an, berührt eventuell leicht, dann sanft schüttelnd die Schulter. Ist er ansprechbar, erfragt man Name (für persönliche Ansprache), Schmerzen und Details zum Unfallhergang. Mit diesen Informationen lässt sich die klassische Erste Hilfe sinnvoll strukturieren:

Klassische Erste Hilfe

4a Klassische Erste Hilfe:
- Starke Blutungen stoppen. Durch Druckverband, nicht Abbinden. Extrem stark blutende Wunden müssen unter Umständen schon früher (vor Punkt 3) versorgt werden.
- Klären, ob ein Sturz die Unfallursache war und ob das schon mal passiert ist. Dann können eventuell Erkrankungen oder körperliche Probleme zugrunde liegen, für die der Betroffene womöglich Medikamente hat.
- Bodycheck: Systematisches Abtasten des gesamten Körpers und Check von Schmerzreaktionen.
- Schmerzende Körperteile beruhigen. Gelenke werden nach der PECH-Regel ruhiggestellt: P(ause) – E(is) oder Kühlung anbringen – C(ompression), also mit sanftem Druck verbinden und fixieren – H(ochlagern), damit Schwellungsflüssigkeit abfließt. Bei Schmerzen zwischen Gelenken, also womöglich Knochenbrüchen, wird geschient und der Körperteil auch hoch gelagert.
- Bequem lagern. Dabei kann man sich am Gefühl des Betroffenen orientieren, der von selbst eine möglichst schmerzarme Haltung einnehmen wird. Lediglich bei großem Blutverlust ist oft die Schocklagerung sinnvoll: Die Beine über Oberkörper- und Kopfhöhe zu lagern, ist im unebenen Berggelände meist einfach möglich. Frühzeitig Schutz vor Bodenkälte einbauen (Kleider, Rettungsdecke).
- Kleinere Wunden versorgen, durch Verband und Ruhigstellung.
- Warm halten und betreuen. Mit Kleidungsstücken oder Rettungsdecke zudecken, Mut zusprechen und direkt beim Betroffenen ansprechbar bleiben. Vitalfunktionen regelmäßig kontrollieren.

Vitalfunktionen überprüfen und erhalten

4b Vitalfunktionen erhalten:
Ist der Betroffene in Punkt 3) nicht ansprechbar, also bewusstlos, liegt oft ein Verletzungsmuster mit Lebensgefahr vor. Der Erhalt der Vitalfunktionen ist dann vorrangig vor allen anderen Maßnahmen (außer dem Stillen sehr starker Blutungen).

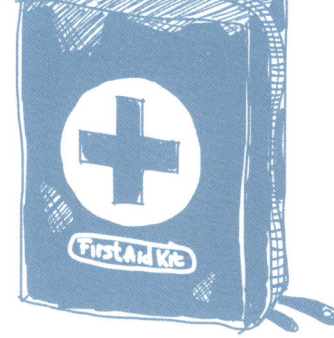

- Notruf. Bei nicht ansprechbaren Unfallopfern muss sofort der Notruf abgesetzt werden (s. u.).
- Atemkontrolle. Mit dem Ohr vor Mund und Nase des Betroffenen, mit den Händen auf der Magengrube und seitlich am Brustkorb forscht man nach Atemzeichen. Sind sie eindeutig, liegt »nur« Bewusstlosigkeit vor, und der Betroffene wird in stabile Seitenlage gebracht und eventuell der Mundraum von Fremdkörpern befreit. Vitalfunktionen regelmäßig kontrollieren.
- Herz-Lungen-Wiederbelebung. Ist keine eindeutige Atmung feststellbar, muss sofort die HLW beginnen: Oberkörper frei machen und im Rhythmus »30 Herzdruckmassagen (Frequenz ca. 100/min) – 2 Atemstöße« wiederbeleben, bis die Rettung eintrifft oder man zusammenbricht. Ist ein Defibrillator greifbar (auf vielen Hütten Standard), sollte man ihn einsetzen; nur der Elektroschock kann ein Kammerflimmern korrigieren.

Notruf absetzen

5 Notruf: Wann der Notruf abgesetzt wird, richtet sich nach der Situation: bei nicht ansprechbaren Opfern sofort, sonst je nach Ernst der Verletzungen, Zustand der Gruppe, Exposition des Unfallorts und Wetter. Die Nummer 112 funktioniert immer und überall, das Handy sucht sich das beste Netz. Die Rettungsleitstelle stellt die nötigen Fragen. Ist am Unfallort kein Empfang, gehen möglichst zwei Personen auf Suche nach Empfang; eine muss dort bleiben als Ansprechpartner, die zweite kann als Meldeläufer fungieren.

29 Erzgebirge

Oder : Sachsens ruhiger Süden

Über das 150 Kilometer lange und 40 Kilometer breite Erzgebirge (tschechisch: Krušné hory) verläuft die Grenze zwischen Sachsen und Böhmen; der höchste Gipfel Keilberg/Klínovec (1244 m) liegt in Tschechien, in Sachsen erreicht der Fichtelberg 1215 Meter. Den östlichen Teil prägen weite, langsam ansteigende Hochflächen, die im Westteil stärker gegliedert sind und größere Höhen erreichen.

Seit Jahrhunderten wird das Erzgebirge intensiv von Menschen geformt. Die dichten Wälder wurden großflächig gerodet, um den Holzbedarf für Bergbau und Hüttenwesen zu stillen. Im 20. Jahrhundert setzten die Emissionen der Braunkohleindustrie der Natur stark zu; erst in den letzten Jahren werden wieder standortgerechte Mischwälder aufgeforstet.

Beliebtes Ziel für Urlauber und Naturfreunde

Das Erzgebirge als Kulturlandschaft beherbergt aber auch viele Biotope, Berg- und Feuchtwiesen sowie Steinrückenlandschaften, und selbst alte Bergbauhinterlassenschaften wurden zum Lebensraum für Pflanzen und Tiere. Im Westerzgebirge ziehen riesige Waldgebiete bis in höchste Lagen, mit Hochmooren und den Lebensräumen seltener Arten, die es sonst nur in den Alpen gibt. Diese Region schützt der Naturpark Erzgebirge/Vogtland. Seit das Erzgebirge mit Bahn und Straßen erschlossen wurde, ist es ein beliebtes Ziel für Urlauber und Naturfreunde. Die 1924 eröffnete Fichtelberg-Schwebebahn, viele Berggasthäuser und Aussichtstürme, vor allem aber rund 5000 Kilometer Wanderwege bieten Wanderern eine breite Touren-auswahl für jeden Geschmack: grenzüberschreitend, naturnah, themen- oder familienorientiert.

Dem Fluss Zschopau folgt der Zschopautalweg, von der Quelle am Fichtelberg durch das felsige Tal und liebliche Talauen bis zur Mündung in die Mulde – die 130 Kilometer Strecke bereichern Burgen und Schlösser mit ihren Schätzen aus längst vergangenen Zeiten. Ebenfalls im Zschopautal, zwischen Wolkenstein und dem Kurort Warmbad, lockt der »Alpine Wandersteig« in die Höhe, zu den eindrucksvollen Gneisklippen der Wolkensteiner Schweiz, wo Klettersteiggeher und Kletterer ihr Revier haben. Kurze steile An- und Abstiege wechseln mit geruhsamen Passagen, garniert mit Ausblicken auf die Gleise der Erzgebirgsbahn.

Grenzüberschreitend ist man auf dem »Anton-Günther-Weg« unterwegs, der auf knapp 57 Kilometern Länge in die Kammregion führt. Benannt ist der Weg nach dem Sänger und Dichter Anton Günther, der in seinen Werken die Heimatregion verewigte.

2011 wurde der Kammweg Erzgebirge-Vogtland als erster Fernwanderweg Sachsens eröffnet. Die 289 Kilometer lange Höhenwanderung führt von Altenberg im Osterzgebirge bis ins Thüringer Vogtland nach Blankenstein. In gemächlichem Auf und Ab und bestens markiert, kann man Natur und Stille genießen. Wer wandernd abschalten will, ist hier richtig – nicht umsonst werben die Tourismusstrategen mit dem Slogan »Dachs statt Dax« für den Kammweg. Inzwischen gibt es auch Pauschalangebote unterschiedlichsten Zuschnitts für Wanderer, Rad- und Skifahrer, die die »KAMMtour« ausprobieren möchten.

Fern- und Weitwanderwege 30

Oder ⋮ Nur für Ausdauernde

Fern- oder Weitwanderwege sind überregionale Wanderwege zum Weitwandern oder für Trekking-Touren (→ *Weit-Weg-Wandern*). Ihre Länge erstreckt sich von einigen zig bis zu mehreren Tausend Kilometern. Man begeht sie in Tagesetappen und teilt sie oft in Teilstrecken auf. Weitwanderwege verlaufen zumeist auf bestehenden Wegen und sind durch eine einheitliche Wegmarkierung gekennzeichnet.

Neben nationalen Weitwanderwegen gibt es elf grenzüberschreitende Europäische Fernwanderwege, die seit den 1970er-Jahren von der Europäischen Wandervereinigung EWV symbolhaft für das zusammenwachsende Europa eingerichtet wurden. Dazu zählt z. B. der 3200 Kilometer lange E 5, der von der bretonischen Atlantikküste durch Frankreich, die Schweiz, durch das Allgäu und Tirol bis nach Venedig an der Adria führt. Seine Wegstrecke von Oberstdorf nach Meran über die Alpen gehört zu den beliebtesten Alpenüberschreitungen.

Entlang der Bayerischen Alpen führt der nach dem Bayern-König Maximilian II. (1811–1864) benannte Maximiliansweg von Lindau am Bodensee nach Berchtesgaden. Meist verläuft er streckengleich mit dem E 4 (Fernwanderweg Tarifa/Südspanien–Zypern) und bietet eine leichtere und eine anspruchsvollere Variante über die Gipfel (dort → *Trittsicherheit* und Bergerfahrung notwendig) mit jeweils über 350 Kilometern Strecke.

Intensive Wandererlebnisse durch Kulturlandschaften

Dass immer mehr Anhänger Gefallen am Weit- oder Fernwandern finden, hängt auch mit den attraktiven Wege-Angeboten zusammen, die in den letzten Jahren entstanden sind. Besonders in den deutschen → *Mittelgebirgen* haben der → *Deutsche Wanderverband* und das → *Deutsche Wanderinstitut* nach vorgegebenen Kriterien Gütesiegel für besonders schöne Streckenwege verliehen, wie z. B. den Hochrhöner oder den Eifel- oder Rheinsteig, die als Premiumwege (→ *Prädikatswanderwege*) Liebhaber finden.

Auch in Österreich setzen Wanderregionen auf attraktive Weitwanderwege, so etwa auf den Arnoweg rund um das Bundesland Salzburg, den Adlerweg durch Tirol oder den 2012 eröffneten Lechweg entlang des Alpenflusses von seinem Ursprung im Vorarlberger Lechquellengebirge bis nach Füssen in Bayern. Ebenfalls seit 2012 beworben wird der Alpe-Adria-Trail, der auf 690 Kilometern Länge länderübergreifend vom Großglockner in Kärnten über Kranjska Gora in Slowenien bis nach Muggia in Friaul-Julisch-Venetien an die Adria führt.

In Italien ist die GTA (Grande Traversata delle Alpi) durch die einsamen Berge des Piemont bekannt. In 55 Etappen über etwa 1000 Kilometer zieht diese oft als »schönster Weitwanderweg der Alpen« bezeichnete Trekkingroute vom Monte Rosa im Wallis über Pässe und Jöcher durch fast menschenleere Täler bis zu den Ligurischen Alpen am Mittelmeer – ein intensives Wandererlebnis durch eine in früheren Zeiten intensiv von Bergbauern genutzte Kulturlandschaft.

Alpenweites Großprojekt – die Via Alpina

Die Via Alpina umfasst ein alpenweites Weitwanderwegenetz mit fünf zusammen mehr als 5000 Kilometer langen Wanderrouten und 342 Tagesetappen in den acht Ländern des Alpenbogens (Italien: 121 Etappen, Österreich: 70 Etappen, Schweiz: 54 Etappen, Frankreich: 40 Etappen, Deutschland: 30 Etappen, Slowenien: 22 Etappen, Liechtenstein: 3 Etappen, Monaco: 1 Etappe). Ab der Jahrtausendwende von der Organisation Grande Traversée des Alpes (GTA) initiiert und mit privater und EU-Unterstützung ins Leben gerufen, ist die Via Alpina ein Projekt der Alpenkonvention und soll u. a. mit geführten Touren und touristischen Paketen die nachhaltige Entwicklung im Alpenraum unterstützen. Seit 2014 ist die Internationale Alpenschutzkommission CIPRA für das alpenweite Sekretariat zuständig. Für die Umsetzung in den Alpenstaaten zeichnen nationale Sekretariate verantwortlich, in Deutschland und Österreich liegt die Aufgabe beim jeweiligen Alpenverein.

Eine Auswahl außergewöhnlicher weltweiter Weitwanderwege ist unter → *Weit-Weg-Wandern* zu finden (zum Sonderfall spirituell motivierter Weitwanderwege s. bei → *Pilgerwege*).

Fitness

Oder ⦂ Damit es Körper und Geist gut geht

31

Studien belegen, dass der menschliche Bewegungsapparat für Strecken von etwa 15 Kilometern pro Tag konzipiert ist. Wir sind heute aber eher »Faultiere«, die im Schnitt täglich nur 800 Meter zu Fuß zurücklegen. Regelmäßige Bewegung kommt definitiv zu kurz, mit negativen Folgen für

Fitness und → *Gesundheit*. Wer wandert, tut etwas gegen diesen Trend, weil der mäßig-schonende, konsequente Ausdauersport die Fitness fördert, auf stressfreie Art, ohne sich auspowern zu müssen und bis ins hohe Alter. Regelmäßigkeit ist der Schlüssel zum Erfolg. Wer über längere Zeit etwa dreimal pro Woche eine Stunde wandert, wird seine Fitness bereits spürbar verbessern. Folgende Tipps steigern den Spaß am Wander-Fitnessprogramm noch:

AUFWÄRMEN UND DEHNEN: Vor dem Start bringen einige Dehnübungen die Muskulatur vor allem von Waden, Oberschenkel und Rücken auf die richtige »Betriebstemperatur« und beugen Zerrungen vor – erwärmtes Muskelgewebe ist etwa 15 Prozent dehnbarer als kaltes. Nach lockerem Warmlaufen folgen zum Beispiel der Kniestrecker (aufrecht stehen, Unterschenkel anziehen, Fuß mit Händen zum Po ziehen) und der Hüftbeuger (großer Ausfallschritt, Hände auf Oberschenkel, Becken nach vorne strecken). Auch während einer → *Rast* kann man mit einigen Dehneinheiten Verspannungen vorbeugen.

GEHTEMPO: Beim gemütlichen Wandern liegt das Tempo zwischen 3–4 km/h, beim strammen Gehen zwischen 5–6 km/h, (Nordic) Walker kommen auf 7–8 km/h. Man sollte ins Schwitzen kommen, aber nicht ins Schnaufen oder außer Puste geraten. Zwischendurch den Puls messen: stehen bleiben, zehn Sekunden den Puls am Handgelenk zählen, das Ergebnis mal sechs nehmen: Die Pulsfrequenz beim Wandern sollte 180 minus Lebensalter nicht überschreiten.

ENERGIEVERBRAUCH: Der Grundumsatz einer 70 Kilogramm schweren Person liegt bei rund 1700 Kilokalorien pro Tag. Weitere 2000–2500 Kilokalorien Leistungsumsatz pro Woche fördern Fitness und Gesundheit. Alltägliche Freizeitaktivitäten bringen etwa 1500 Kilokalorien ein – fehlen also noch rund 1000 Kilokalorien, die man mit drei

Wanderstunden erzielen kann (eine 70 kg schwere Person verbraucht in ebenem bis hügeligem Gelände gut 300 kcal/Std.). Die benötigte Energie stellt der Körper durch das Verbrennen von Nährstoffen bereit. Beim Wandern bewegt man sich meist im aeroben Bereich; dann reicht der eingeatmete Sauerstoff für die Verbrennung von Kohlenhydraten und Fetten aus. Damit hilft Wandern auch, langfristig abzunehmen, zumal das beim Gehen ausgeschüttete Glückshormon Serotonin wie ein Appetitzügler wirkt. Durchtrainierte Wanderer können zwischendurch auch schnellere Etappen einlegen oder einmal aufs Nordic Walking oder Speedhiking umsteigen (→ *Moderne Bergsportarten*) – das verbrennt Fett im Turbogang.

MENTALE FITNESS: »Die besten Gedanken kommen mir beim Wandern«, wusste schon Goethe. Wandern fördert die Sauerstoffzufuhr zum Gehirn, indem es dessen Durchblutung und damit die Aufnahmefähigkeit erhöht. Zudem fördern spezielle Botenstoffe, die bei regelmäßiger Bewegung freigesetzt werden, die geistige Leistungsfähigkeit. Diese zwei kleinen Übungen aktivieren die beiden Hirnhälften:

1 Auf der Stelle laufen und dabei die Beine hochheben; der linke Ellbogen berührt das rechte Knie und umgekehrt; während der Fuß nach unten geht, schwingt der Arm bis über den Kopf.

2 Mit der Nasenspitze, auf der ein imaginärer Pinsel sitzt, die Form der Zahl 8 auf den Boden malen, dabei auf gleich große Kreise achten.

Gefahrenbewusstsein

Oder : Darauf sollte man mindestens
ein Auge haben

32

Wer wandert, ist generell ziemlich risikoarm unterwegs. So zeigt die vom → *DAV* im zweijährigen Rhythmus erstellte Unfallstatistik, dass Wandern die sicherste Aktivität in den Bergen ist. Während aber rechnerisch das Risiko zu verunfallen seit Jahren sinkt, lassen immer mehr Bergwanderer die absoluten Unfallzahlen steigen: 2018/2019 betrafen 31 Prozent aller gemeldeten Bergunfälle Wanderer. Bewegt man sich in der (Berg-)Natur, muss man ihre »objektiven« Gefahren einschätzen können wie Wetter, Gelände und Höhe, aber auch die »subjektiven« Gefahren berücksichtigen, die vom Wanderer selbst ausgehen und zumeist in Verhaltensfehlern liegen.

Objektive Gefahren

Das Wetter ist mit entscheidend für Gelingen, Sicherheit und Spaß auf Tour. Nässe, Wind und Kälte beeinträchtigen die Leistungsfähigkeit schnell, Wolken oder Nebel erschweren die Orientierung (→ *GPS*, → *Kartenlesen*), und bei Gewittern droht Blitzschlag. Doch auch strahlender Sonnenschein ist in höheren Lagen nicht gefahrlos: Schützt man sich nicht, drohen Sonnenbrand, Hitzschlag oder Sonnenstich. Daher sollte man → *Wetterinfos* einholen, und auch eine adäquate → *Tourenplanung* ist angesagt.

Zieht ein Wanderweg durch Schuttfelder unterhalb steilen Geländes, über geröllbedeckten Untergrund oder durch brüchige Felsen, kann es unvermittelt Steinschlag geben, den auch andere Wanderer oder Gemsen auslösen können. Hier heißt es aufmerksam zu sein, auf Deckung zu achten und gefährliche Passagen zügig zu queren.

→ *Abstürze* sind vor allem beim Bergwandern in steilem, felsdurchsetztem → *Gelände* möglich. Das Risiko steigt, wenn man vom Weg abkommt und in weglosem Terrain steht – am besten kehrt man zum letzten bekannten Punkt zurück. Gefährlich werden können auch harte Altschneefelder – bereits bei 30° Hangneigung ist ein Stolpern oder Ausrutschen kaum mehr zu halten, weil man beschleunigt wie im freien Fall. Probleme mit der Höhenverträglichkeit können sich ab 2300 Metern Höhe mit Kopfschmerzen, → *Schwindel* oder Übelkeit äußern. Steigt man weiter auf, verstärken sich die Symptome, was Belastbarkeit und Spaß deutlich reduziert, auch wenn sich nicht gleich ein lebensgefährliches Höhenlungen- oder -hirnödem entwickeln muss. Dem Körper genügend Zeit zur Anpassung zu geben bis hin zum schnellen Abstieg können geeignete Gegenmaßnahmen sein.

Subjektive Gefahren

Die → *Gesundheit* spielt beim Wandern eine herausragende Rolle, häufig verursachen Herz- und Kreislaufprobleme Unfälle. Regelmäßiger (Ausdauer-)Sport steigert die → *Fitness*, ein gesundes Körpergefühl hilft, die eigene Belastbarkeit auszutesten und Überforderungen vorzubeugen.

GEFAHRENBEWUSSTSEIN

Gut die Hälfte aller Wander-Unfälle gehen auf Stolpern, Umknicken oder Ausrutschen zurück, wobei erfahrene Wanderer weniger verunfallen als weniger erfahrene (→ *Trittsicherheit*). Ein Ausbildungskurs vermittelt das notwendige Grundwissen, die Erfahrung stellt sich im Verlauf der eigenen Wanderkarriere durch regelmäßiges »Üben« ein, wenn man reflektiert unterwegs ist und seine Touren langsam steigert.

Wer heute wandert, ist meist gut ausgerüstet. Allerdings muss man das richtige Equipment auch der Situation angemessen einsetzen können. Das gilt für technische Hilfsmittel, z. B. GPS-Geräte oder Klettersteigsets (→ *Steige*) wie für Maßnahmen der → *Ersten Hilfe* im → *Notfall*. Gebrauchsanweisungen durcharbeiten, entsprechende Kurse besuchen und regelmäßiges Auffrischen wirken Wunder.

Selbstüberschätzung ist grundsätzlich gefährlich. Wer seine mentalen wie körperlichen Fähigkeiten und Grenzen kennt, wird dazu passende Wandertouren auswählen und zu ehrgeizige Ziele vermeiden, die nur die Freude vermiesen. Dies gilt gerade für Gruppen, in denen sich der eine oder andere drängen oder überreden lässt. Ängste gehören frühzeitig offen angesprochen und ernst genommen. Nur so kann man Panikattacken oder Blockierungen vorbeugen. Eine gut funktionierende Gruppe stützt und motiviert sich, die Stärkeren helfen den Schwächeren – und ziehen, wenn notwendig, auch die Notbremse, d. h. brechen die Tour ab.

Gehen

33

Oder ⋮ Das kann doch jeder!

Gehen lernt man als kleines Kind und kann es dann ein Leben lang. Warum muss man darüber ein (Stich-)Wort verlieren? Weil heute viele Zeitgenossen deutlich mehr Lebenszeit sitzend als gehend verbringen, vor dem Notebook oder dem Fernseher, im Auto, Flugzeug oder Büro, und darüber das Gehen vernachlässigen (→ *Fitness*). Und weil es einen Unterschied macht, ob man in der Stadt geht, auf asphaltierten oder gleichmäßig geschotterten Wegen im Park ein oder zwei Stunden lang oder beim Wandern in der Natur einen Tag lang oder mehr. Auf → *Wegen* und Pfaden, die uneben sind, mit Wurzeln, Steinen und Geröll bedeckt, zwischendurch matschig und rutschig, abschüssig oder mit feinem Rollsplitt bedeckt. Hier kommt es auf ein sicheres und ökonomisches Gehen an, damit man Spaß an der Bewegung hat und nicht ins Stolpern gerät (→ *Gefahrenbewusstsein*).

Die ursprünglichste Fortbewegung des Menschen

Gehen ist die ursprünglichste Fortbewegung des Zweibeiners Mensch im flachen Gelände, bei der er in elastischem, stetem Wechsel des Standbeins unter fließendem Abrollen des Fußes von der Ferse über den Ballen Schritt für Schritt vorwärtskommt. Fast immer ist ein Bein in der Luft, sodass sich der Körper in einem Fließgleichgewicht bewegt, wobei das Aufwärts kaum eine Rolle spielt.

Beim → *Wandern* im hügeligen oder bergigen → *Gelände* sieht es etwas anders aus: Die fließende Gehbewegung wird unwillkürlich langsamer, unelastischer, oft unsicherer. Beim Bergauf-Gehen ist nach der Aufwärmphase eine möglichst kraftsparende und rationale Technik das Ziel, wobei es vor allem auf eine gleichmäßige Kreislaufbelastung ankommt und weniger auf das Gehtempo.

Auf flachen Wegstrecken kann also ein flotterer, größerer Schritt angeschlagen werden, in steilen Passagen nimmt man das Tempo zurück und die Schritte werden deutlich kleiner. Das nutzt dem Kreislauf, dem präzisen Platzieren der Füße und der Körperbalance (→ *Trittsicherheit*). Kurze Spitzenbelastungen in Steilanstiegen sind oft unvermeidlich – davon kann man sich in nachfolgenden flacheren Stücken in langsamerem Tempo erholen.

Kontrolliertes Abwärts-Gehen

Beim Abstieg, wenn Kondition und Koordination oft schon angeschlagen sind, ist kontrolliertes Abwärts-Gehen umso wichtiger. Fällt man mit viel Gewicht von Schritt zu Schritt und bremst jeweils ab, geht das auf die Kraft und in die Gelenke. Besser ist es, unter Körperspannung und Muskeleinsatz der Beine das Gewicht mithilfe der Hangabtriebskraft möglichst von einem in den nächsten Schritt »durchzuschieben« und für eine geschmeidige Abwärtsbewegung zu nutzen. → *Stöcke* helfen hierbei.

Gehzeiten

34

Oder : Auf Nummer sicher gehen

Die Zeitangaben für Gehzeiten aus Wanderführern, Internetquellen oder auf diversen Wegweisern beziehen sich oft auf unterschiedliche Zielgruppen, vom Wander-Einsteiger bis zum erfahrenen, flotten Geher, und differieren entsprechend stark. Vor allem mit unbekannten Quellen, die keine näheren Informationen zur Berechnung ihrer Angaben machen, sollte man vorsichtig sein. Ein vernünftiger Zeitplan aufgrund eigener Einschätzung gehört jedoch entscheidend zur → *Tourenplanung* einer längeren und/oder anspruchsvolleren (Berg-)Wandertour.

Richtwerte für Gehzeiten

Für eine Berechnung der Gehzeiten für Höhenunterschied und Horizontalstrecke gibt es eine »Formel«, die folgende Richtwerte empfiehlt: Pro Stunde rechnet man je nach Kondition und Erfahrung mit 300–400 Höhenmetern im Aufstieg, mit 500–800 Höhenmetern im Abstieg und mit 3–4 Kilometern für die Horizontalstrecke. Um die Gehzeit zu erhalten, wird die kleinere Zahl halbiert und zur größeren addiert. Größere Gruppen sollten eine geringere Stundenleistung ansetzen. Zusätzlich plant man für je zwei Stunden Gehzeit eine halbe Stunde Pause ein, am Gipfel eventuell auch mehr. Schließlich schlägt man einen Sicherheitsfaktor von 10–20 Prozent drauf, je nach Gruppengröße. Dann sollte noch genügend Luft zu limitierenden Faktoren wie Dunkelheit, der letzten Seilbahn oder dem Bus/Zug bleiben. Unterwegs beobachtet man an Etappenzielen, ob man noch »im Zeitplan« liegt oder ob Überziehungen noch tolerabel sind; andernfalls sind Abbruch oder ein Plan B (den man immer in der Hinterhand haben sollte) angesagt.

Ein Touren-Beispiel (für »normale« Geher)

Aufstieg: 900 Hm = 3 Std.

8 km Strecke = 2 Std.

〉 Gesamtgehzeit Aufstieg = 3 + 0,5 x 2 Std. = 4 Std.

Pausen: 0.30 Std. unterwegs (nach 2 Std.) + 0.45 Std. am Gipfel = 1.15 Std.

Abstieg: 900 Hm = 2 Std.

8 km Gehstrecke = 2 Std.

〉 Gesamtgehzeit Abstieg = 2 + 0,5 x 2 Std. = 3 Std.

Pause: 0.30 Std.

〉 Gesamtgehzeit für die Tour: 4 (Aufstieg) + 1.15 (Pause) + 3 (Abstieg) + 0.30 (Pause) = 8.45 Std.

+ Sicherheitszuschlag 20 % wegen großer Gruppe: + 1.45 Std. = 10.30 Std. gesamt

Wenn es um 19 Uhr dunkel wird, sollte man also um 7.30 Uhr starten, um noch eine Stunde Zeitreserve bis zur Dämmerung zu haben.

35 Gelände
Oder : Wo wandern wir denn?

So dünn die Grenzschicht zwischen fester Kruste und Atmosphäre gemessen an den 12 700 Kilometern Erddurchmesser auch sein mag, bietet sie doch den »Stoff«, aus dem die Wanderträume sind: die Höhen und Tiefen der Erdoberfläche, deren Extreme vom 8848 Meter hohen Mount Everest im Himalaya bis zu 423 Meter unter Meeresniveau im Toten Meer reichen.

Steigende Anforderungen an Erfahrung und Ausrüstung

Beim → *Wandern* und → *Bergwandern* ist man von Meeresniveau bis auf etwa 2500 Meter Höhe unterwegs, vereinzelt auch über 3000 Meter (→ *Hohe Wandergipfel*), und begegnet einer breiten Formenvielfalt. In der flachen, allenfalls leicht geneigten Ebene wandert man auf gut gebahnten → *Wegen* ohne Anforderungen an Ausrüstung und Orientierung durch → *Wald* oder offenes Gelände.

Im → *Mittelgebirge* kommen gemäßigte An- und Abstiege hinzu, die teilweise durch den Waldgürtel hindurch in raues, felsiges Gelände führen.

Hier sind → *Wanderschuhe*, adäquate Bekleidung und Rucksack notwendig, ebenso → *Trittsicherheit* und elementares Orientierungsvermögen. Geht es in den → *Alpen* auf anspruchsvollen Bergwanderungen über wenig gebahnte Wege oder schmale Pfade durch steile Hänge weit über die Baumgrenze hinaus, steigen die Anforderungen an Erfahrung und Ausrüstung. Felsdurchsetzte Hänge verlangen konzentriertes Steigen, in ausgesetzten, teils mit Seilen oder Ketten gesicherten Passagen helfen die Hände das Gleichgewicht zu halten, und an exponierten Stellen darf man keine Angst vor Absturzgefahr haben (→ *Abstürze*).

Richtiges Gehen in jedem Gelände

Unabhängig vom Gelände gilt: Entweder gehen und sich auf den Weg konzentrieren oder stehen bleiben und die Landschaft genießen! Auf Wegen und Pfaden in steilerem Gelände wählt man kleine Schritte mit vorausschauendem Schrittverlauf und achtet auf lose Steine und Felsen, um keinen Steinschlag auszulösen. Feuchte Graswiesen in steilen Hängen sind sehr rutschig. Gibt es keine Absätze oder eingewachsene Steine als Trittstufen, bleibt nur energisches Einkerben der Sohlenkante, um etwas Halt zu finden. Notfalls helfen die Hände nach. Falls man ausrutscht, sofort auf den Bauch drehen und in Liegestützstellung abbremsen! Geröllfelder mit größeren Blöcken quert man am besten auf den größten, hoffentlich stabilen Steinen, die aber kippen können. Tritte exakt wählen und die ganze Fußsohle aufsetzen! In kleinem Schutt schafft prägnantes Auftreten eine kleine Stufe, die man sanft belastet.

Trifft man auf Schneefelder, sollte man die vorgegebene Spur nicht verlassen, um nicht durch den Schnee zu brechen und sich zu verletzen. Gibt es keine Spur, muss man sich mit den → *Stöcken* vortasten. Schnee reflektiert das Sonnenlicht sehr stark – eine gute Sonnenbrille mit seitlichem Schutz und UV-Schutz vermeidet Augenschäden bis hin zur Schneeblindheit.

36 Geocaching

Oder : Schatzsuche mit Satellitenhilfe

Technik kann Brücken in die Natur schlagen und selbst eingefleischte Stubenhocker zum Wandern bewegen, wie das Geocaching zeigt. Die satellitengestützte Schatzsuche begann um die Jahrtausendwende im kleinen Kreis, nachdem die US-Regierung mit Abschaltung der künstlichen Verschlechterung des GPS-Signals die Anwendung des »Global Positioning Systems« für private Nutzer deutlich verbessert hatte (➔ *GPS*).

Heute liegt das Geocaching voll im Trend, und eine wachsende Fangemeinde macht sich mit GPS-Geräten oder Smartphones auf die Suche nach den an ungewöhnlichen Plätzen versteckten Schätzen (Caches). Die moderne Schnitzeljagd basiert auf Geokoordinaten für jeden Cache, die große Online-Datenbanken sammeln. Auf geocaching.de finden Neulinge eine Anleitung, wie das Geocaching funktioniert – und jede Menge Informationen und nützliche Dinge zum Verstecken und Finden der Schätze.

Kaum zu glauben

Geocaching boomt: Laut der Datenbank von geocaching.com, dem führenden Cache-Verzeichnis aus den USA, gab es (Stand 2020) weltweit über 3 Mio. aktive Caches; etwa 320 000 davon befinden sich in Deutschland, über 22 000 in der Schweiz, über 35 000 in Österreich.

Spaßiger Such- und Tauschvorgang

Ein Cache ist meist ein wasserdichter Behälter in unterschiedlicher Größe (von Nano bis Large), in dem sich ein Logbuch und verschiedene kleine Tauschgegenstände befinden. Der Besucher dokumentiert im Logbuch seine erfolgreiche Suche und gibt danach den Cache wieder in sein Versteck. Der Fund kann online vermerkt werden, damit andere – insbesondere der Verstecker oder »Owner« – die Geschehnisse rund um den Schatz verfolgen können.

WICHTIG: Der Such- und Tauschvorgang sollte so diskret ablaufen, dass Unbeteiligte, also nicht eingeweihte sogenannte »Muggels«, ihn und den Cache in seinem Versteck nicht bemerken. Damit dieser Spaß möglichst ohne Schaden für die Natur abläuft, sollte man ein paar Dinge beachten:

- In Naturschutzgebieten die entsprechenden Verordnungen beachten (z. B. Wegegebote).
- Wenn man bei Dunkelheit auf Schatzsuche geht, zumindest die Wege nicht verlassen und Wildtiere nicht durch starke Taschenlampen stören.
- Trittempfindliche Vegetation und besonders sensible Lebensräume (natürliche Gewässerufer, Sumpf- und Auwälder, Moore und Quellbereiche) meiden und Wildtiere während der Überwinterungs-, Brut- und Setzzeiten nicht stören.
- Caches nur mit Zustimmung des Grundeigentümers und nicht in Höhlen oder Baumhöhlen verstecken – diese sind Lebensräume für Tiere!

Gesundheit

Oder : Gesund ist's, wenn man's nicht
: übertreibt

37

Dass Wandern gesund ist, wussten schon unsere Großeltern. Inzwischen bestätigen auch medizinische Studien diese Erkenntnis. Demnach wirkt »regelmäßiges Ausdauergehen in der Natur« präventiv und therapeutisch gegen viele Zivilisationskrankheiten oder beugt diesen vor. Die physischen, psychischen und mentalen Wirkungen der Bewegung funktionieren zusammen mit dem Naturkontakt wie ein Breitbandtonikum, mit positiven Auswirkungen auf Immunsystem, Stoffwechsel, Kreislauf, Herz, Blutfettspiegel, Blutdruck, Lunge, Knochen und Muskulatur. Zudem gibt es beim Wandern so gut wie keine Nebenwirkungen, und es ist im Vergleich zu anderen Fitness-Sportarten von fast jedem denkbar einfach auszuüben. Nicht umsonst anerkennen diverse Krankenkassen in ihren Bonusprogrammen das Wandern als Gesundheitsvorsorge (→ *Wandern*).

Gesundheitliche Risiken beachten

Bei allen positiven Wirkungen gibt es auch einige gesundheitliche Risiken zu beachten. Wandern und insbesondere Bergwandern ist Ausdauersport, belastet Herz und Kreislauf, sodass man nur in gesundem und zumindest durchschnittlich trainiertem Zustand aufbrechen sollte. Leidet man unter Bluthochdruck oder Herzproblemen, gehört vorab ein Arzt konsultiert. Wer tagtäglich im Büro vor dem PC sitzt und sich sportlich wenig betätigt (→ *Fitness*), der sollte seinen beruflichen Ehrgeiz am Schreibtisch lassen und nicht auf seine Freizeitbetätigung übertragen. Überfordert man sich beim (Berg-)Wandern, droht im schlimmsten Fall Herzversagen: Gerade Männer im »besten Alter«, die meinen, aus dem Stand 1000 Höhenmeter und mehr zu packen, mit schwerem Rucksack und in der größten Tageshitze, wandern ins Herzinfarkt-Risiko. Immer mehr Berghütten werden mit Defibrillatoren ausgerüstet, weil Herzinfarkte inzwischen zu den häufigsten Todesursachen beim Wandern gehören. Also lieber einen Gang zurückschalten, bewusst unter der Leistungsgrenze bleiben und im gesundheitlichen Zweifelsfall, etwa bei einer starken Erkältung, einfach zu Hause bleiben. Die geplante Wanderung läuft nicht davon!

38 Gipfel und -rituale
Oder : Von Gruß bis Kreuz

Schwer genug ist es, einen Gipfel zu definieren: Nicht jeder Berg hat einen eindeutigen höchsten Punkt – ab wann ist ein etwas niedrigerer Nebengipfel eigenständig und wert, von Wanderern und Bergsteigern als Ziel erkoren zu werden? Darüber streiten sich manche Wissenschaftler; die Praktiker freuen sich derweil am Rundum-Panorama und feiern den Gipfel mit mancherlei Ritualen:

GIPFELGRUSS Das klassische »Berg Heil!«, das aus dem späten 19. Jahrhundert stammt, kam durch die Wortverwandtschaft zum Hitlergruß in die Diskussion (→ *DAV*); die meisten Bergsteiger verwenden es aber ohne große Bedenken. Der Gruß »Berg Frei!« der → *Naturfreunde* ist weniger verbreitet; Schweizer sagen ganz schlicht »Gratuliere!«. Übrigens: Wenn nicht schon oberhalb von 1500 Metern, so ist spätestens am Gipfel ein guter Moment, zum »Du« überzugehen (s. auch → *Grüßen*).

GIPFELBUSSI Nicht nur im Einzugsgebiet der als »Bussigesellschaft« verrufenen Münchner ist ein züchtiger oder zünftiger Kuss auf die Wangen legitim – aber es müssen nicht nur Paare sein, die den gemeinsam erreichten Höhepunkt mit intensiveren Küssen feiern. Der erhabene Gipfel ist auch ein guter Anlass, dass Männer sich in die Arme fallen, ohne damit den Anschein einer Demonstration für Toleranz gegenüber sexuell offeneren Lebenskonzepten zu erwecken. Ein kräftiger »Handschlag, ein Lächeln«, wie im Bergsteigerlied gerühmt, dürfte als Mindestleistung gelten.

GIPFELBUCH Frühere Bergsteiger tranken auf dem Gipfel ihre Champagnerflaschen leer und hinterließen darin ihre Visitenkarten; die Nächsten zerschlugen die Flaschen und brachten die Karten wieder herunter – ein früher Fall von Social Networking. Scherbenärmer und rohstoffschonender ist das Konzept des Gipfelbuchs, das oft in kunstvollen Schatullen verwahrt ist und Hobbydichter zu spannenden Werken inspiriert. Auf den Felstürmen des Elbsandsteingebirges gehört der Eintrag ins Gipfelbuch, möglichst unter Absingen eines Bergsteigerlieds, zu einer vollwertigen Klettertour dazu.

GIPFELSCHNAPS Sofern der Abstieg nicht allzu absturzgefährdet ist, ist gegen orale Applikation beispielsweise eines Enzians oder Obstlers nichts einzuwenden – solange die 1,6-Promille-Grenze für Mountainbiker beachtet wird. Man denke an Anderl Heckmairs Urteil: »Alkohol, in Maßen genossen, ist auch in größeren Mengen nicht schädlich.«

GIPFELPANORAMA In Zeiten der »Peakfinder«-App, die eine vollautomatische Gipfelbestimmung erlaubt, hat der Beweis der Bergerfahrung durch möglichst lautstarke Benennung jedes im Umkreis erkennbaren Zapfens deutlich an Wert verloren.

GIPFELKREUZ War es Eugen Guido Lammer, der sich beschwert hat, dass die Berge mit Denkmälern eines Justizmordes kontaminiert würden? Es hat nicht viel geändert: Kreuze sind auf Berggipfeln fast noch flächendeckender verbreitet als in bayerischen Schulzimmern. Immerhin dienen sie der Befestigung der Gipfelbuchkassette – und geben ein klares Signal ab: Hier ist ein echter Gipfel, hier sind wir richtig!

39 Gletscher

Oder : Wie lange noch?

Gletscher geben den Alpen ihr Gesicht: Sie lassen die hohen Gipfel weiß erstrahlen, haben einst mächtige Täler geschaffen und Felsen glattpoliert – und geben durch den heutigen Rückgang schwierig begehbare Zonen frei. Auf Hochtouren bewegt man sich oft auf ihnen, aber auch beim Wandern im Hochgebirge durchstreift man immer wieder Zonen früherer Vergletscherung.

Gletscher wachsen, wenn über lange Zeiträume jährlich mehr Schnee fällt als schmilzt. Die Firnlinie ist die Höhengrenze, oberhalb derer die Gletscher ihr Nährgebiet haben; sie liegt in den Ostalpen etwa auf 2500–2700 Metern und in den Westalpen zwischen 2800 und 3200 Metern Höhe, je nach Himmelsrichtung. Durch Temperaturänderungen und das Eigengewicht verdichtet und verwandelt sich der Schnee in Firn,

 dann in Gletschereis. Wo der Eiskörper am Boden aufliegt, entsteht durch sein Gewicht eine dünne Flüssigkeitsschicht, wie unter der Kufe eines Schlittschuhläufers – auf dieser gleitet der Gletscher talwärts. Im Zehrgebiet verliert er dann an Masse, bis er mit der Zunge ausläuft.

Zäh wie Honig, spröde wie Glas

Alpengletscher haben eine Gleitgeschwindigkeit von 40 bis 200 Metern pro Jahr; noch schneller fließen große Gletscher im Himalaya (1,5 km pro Jahr) oder die Festlandeismassen (Grönland, Antarktis, 10 km pro Jahr).

Beim Fließen verhält sich das Eis auf Druck zäh wie Honig, auf Zug spröde. Deshalb reißt es auf, wo sich Geschwindigkeiten ändern, etwa an Versteilungen oder in Kurven – Gletscherspalten bilden sich. Sie erreichen in den Alpen Tiefen bis maximal 30, 40 Meter, dann schließen sie sich wieder. Steine, die von den seitlichen Hängen auf den Gletscher fallen, werden talwärts mitgeführt als Moränen – am Rand und an der Stirn. Fließen zwei Gletscherarme zusammen, vereinen sich ihre Randmoränen zu einer Mittelmoräne. Alte Moränen aus Zeiten früherer Gletscherhochstände prägen das hochalpine Landschaftsbild: Sie heißen Ufer- (statt Rand-) und Front- (statt Stirn-)moräne.

Seit dem letzten Gletscherhöchststand während der Kleinen Eiszeit um 1850 gehen die Alpengletscher (wie fast alle Gletscher weltweit) regelmäßig zurück und haben heute nur noch etwa ein Drittel der damaligen Fläche. Der Fund von »Ötzi« belegt, dass die Eisbedeckung der Alpen immer stark geschwankt hat. Der derzeitige → *Klimawandel* wird im 21. Jahrhundert wahrscheinlich die meisten Alpengletscher zum Verschwinden bringen. Ein Problem nicht nur für Bergsteiger, die über unsoliden Moränenschutt stolpern müssen, sondern vor allem für die Alpen- und Vorlandbewohner, weil die Gletscher wichtige Wasserspeicher sind.

Die größten Gletscher der Alpenländer

SUI: Aletschgletscher (Berner Alpen), 22,6 km lang, größter Alpengletscher
AUT: Pasterze (Großglockner), 8 km lang, größter Gletscher der Ostalpen
FRA: Mer de Glace (Mont Blanc), 11 km lang; der Bossonsgletscher fließt mit 3390 Metern über den größten Höhenunterschied in den Alpen
ITA: Miage-Gletscher (Mont Blanc), 10 km lang
GER: Der Höllentalferner, knapp 1 km lang, könnte wegen seiner schattigen Lage und Speisung durch Lawinen als einziger der fünf deutschen Gletscher das Jahr 2050 erleben. Nördlicher Schneeferner (→ *Zugspitze*), 0,85 km lang, dürfte bis 2030 verschwunden sein

GPS

40

Oder ⫶ Orientierungshilfe von oben

Das amerikanische »Global Positioning System« (GPS) arbeitet mit einem globalen Navigationssatellitensystem zur Positionsbestimmung. Seit Abschaltung der künstlichen Signalverschlechterung am 2. Mai 2000 ist die Ortungsgenauigkeit auch im zivilen Einsatz oft besser als 10 m.

GPS hat sich als wichtigstes Ortungsverfahren für Navigationssysteme etabliert, ist im Straßenverkehr nicht mehr wegzudenken und eignet sich auch für Outdoor-Aktivitäten wie Radfahren oder Wandern. Moderne GPS-Geräte von Herstellern wie Garmin, Magellan, Satmap oder Falk haben in den letzten Jahren ihren Funktionsumfang deutlich erweitert und können u. a. neben Wegpunkten, Routen und Tracks auch den Standort auf digitalen Karten darstellen, die inzwischen für verschiedene Länder im Maßstab 1:25 000 vorliegen. Mithilfe von Apps werden heute Smartphones immer mehr zum digitalen Navigieren genutzt.

Vorteile und Tücken der Technik

Als Weiterentwicklung der klassischen Navigation mit Kompass und Karte ist die GPS-Navigation etwa beim Mountainbiken oder → *Geocaching* weitverbreitet und bietet auch Wanderern Vorteile: Bei schlechtem Wetter, Nebel oder Schneefall sinkt besonders in den Bergen die Gefahr, sich zu verlaufen; bei Unfällen können die Rettungskräfte mithilfe der GPS-Daten zügig zum Unfallort finden (→ *Notfall*); auf Online-Portalen findet man mit UTM-Daten versehene Wanderrouten zum Herunterladen und kann diese Touren nachwandern (→ *Tourenportale und -foren*).

Die Tücken der Technik gelten aber auch für GPS: Führt eine Route über einen Weg, der aktuell nicht begehbar ist, muss man im Zweifelsfall auch ohne GPS eine Alternative finden; bei schlechtem Empfang und geringer Signalstärke im Gebirge kann das GPS-Gerät nicht funktionieren; der Energieverbrauch ist nicht zu unterschätzen – Batterien bzw. Ersatz-Akkus mitnehmen (→ *Abstürze*).

Also: Auch wenn die GPS-Navigation beim Wandern nützlich ist, sollte man nie den gesunden Menschenverstand ausschalten und sich blind auf die Technik verlassen. Eine Papierkarte (je nach Gelände auch ein Kompass) gehört in den Rucksack – und → *Kartenlesen* zum Handwerkszeug.

41 Grünes Band
Oder ⋮ Einmal quer durch Deutschland

Fast 40 Jahre war der Eiserne Vorhang quer durch Mitteleuropa die Grenze zwischen den zwei politischen Blöcken Warschauer Pakt und NATO. Deutschland war in Ost und West geteilt, Familien und Freunde waren für

Jahrzehnte getrennt, doch für die Natur war die Grenzlinie ein Glücksfall. In den isolierten Sperrzonen konnte sie ungestört wertvolle Lebensräume für seltene Tiere und Pflanzen ausbilden.

Heute macht dieser einzigartige Landschaftsraum von Deutschland über Österreich/Tschechien, die Slowakei und Ungarn als »Grünes Band« von sich reden. Im deutschen Teil, wo einst die DDR-Grenztruppe den »Todesstreifen« auf Patrouillenfahrt kontrollierte, können Wanderer und Radfahrer abwechslungsreiche Touren erleben, Großvögel wie Kraniche und Gänse beobachten, Burgen und Schlösser erklimmen, in düstere Bergbaugruben hinab- und alte Grenztürme hinaufsteigen, enge Grenzpfade queren und Kunstwerke bewundern.

Buchtipp

Gut 30 Jahre nach dem Verschwinden der innerdeutschen Grenze kann man sich mit dem Buch »Das Grüne Band – Wandern im wilden Deutschland« von Dr. Reiner Cornelius (Bruckmann Verlag) auf den Weg über das Grüne Band machen. 60 Etappen und 1270 km Wegstrecke von Tschechien bis zur Ostsee gilt es dabei zu meistern.

Einmaliges Naturerbe und sanfter Tourismus

Die Kombination aus Natur, Kultur und Geschichte im mit über 1200 Kilometern längsten Biotopverbund Deutschlands war die Grundlage für das länderübergreifende Projekt »Erlebnis Grünes Band«, das die drei Modellregionen Thüringer Wald/Thüringer Schiefergebirge/Frankenwald, Elbe-Altmark-Wendland und Harz umfasst. Hier sollen das einmalige Naturerbe – Steilküsten, Bodden, Moore, Seen, Flussufer, Heide, Bergwälder, Enzianrasen, Wildbäche, Wildnis – dauerhaft erhalten und der Naturschutz mit sanftem Tourismus verbunden werden. Der Bund für Umwelt und Naturschutz Deutschland e. V. (BUND) begleitet das Projekt und gibt informative Wanderbücher heraus (s. www.gruenes-band-wandern.de). Weitere Infos gibt's unter www.bund.net/gruenes-band/.

42 Grüßen

Oder : Wie macht man's richtig?

Beim Wandern wird man unweigerlich auf andere treffen und nicht grußlos vorbeigehen wollen. Man will ja nicht unhöflich sein. Wie aber grüßt man richtig? Nur kurz mit dem Kopf zu nicken oder darauf zu antworten, was der Entgegenkommende vorgibt, kann man zwar mal machen, der Weisheit letzter Schluss ist es aber auch nicht. Gibt es vielleicht eine universell passende Grußformel oder empfehlen sich eher regional eingefärbte Grüße?

Grüßen wie der Fachmann

In den Alpen ist häufig ein bayerisches »Servus«, ein »Griass di/Griass aich« oder ein »Grüß Gott« zu hören. Am Gipfel (→ *Gipfel und -rituale*) beglückwünschen sich Alpenvereinler mit dem traditionellen Bergsteigergruß »Berg heil« inklusive Händeschütteln, während es bei den → *Naturfreunden* »Berg frei« heißt. Schweizer Gipfelstürmer lassen gern ein kehlig kerniges »Gratuliere« verlauten, während unterwegs ein vom französischen »Salut« abgeleitetes »Salü« üblich ist. Das in italienischsprachigen Gefilden gebräuchliche »Salve« erinnert ein bisschen an die alten Römer.

Und wie sieht es in nördlicheren Gefilden aus? Nicht jede Wanderregion hat ihren eigenen Gruß, wie etwa der Rennsteig im → *Thüringer Wald*, wo es traditionell »Gut Runst« heißt (»Runst« steht für die Begehung des gesamten Rennsteigs). In → *Wandervereinen* organisierte Wanderer grüßen sich häufig mit »Frisch auf«. Um Berlin mag ein schnodderiges »Tach« angehen, beim Wattwandern an der Nordsee auch ein launiges »Moinmoin«. Ansonsten versteht jeder das unverbindliche Allerwelts-»Hallo« oder das immer passende neutrale »Guten Tag«. Ein cooles »Hi« mag bei dem einen oder anderen eher Stirnrunzeln provozieren, und mit »Mahlzeit« wünscht man anderen eigentlich nur einen »Guten Appetit«.

Harz

Das höchste Gebirge Norddeutschlands liegt am Schnittpunkt von Niedersachsen, Sachsen-Anhalt und Thüringen, bedeckt auf 110 Kilometern Länge und 30–40 Kilometern Breite eine Fläche von über 2220 Quadratkilometern und erreicht auf dem Gipfel des Brocken eine Höhe von 1141 Metern. Im geologisch vielfältigsten deutschen Mittelgebirge überwiegen Sedimentgesteine, am häufigsten treten Tonschiefer, geschieferte Grauwacken und Granit an die Oberfläche (→ *Mittelgebirge*). Die artenreiche Flora und Fauna in den Wäldern und Tälern mit ihren Flussläufen, Wasserfällen, Stauteichen und Talsperren, auf bunten Bergwiesen und bizarren Felsklippen ist im grenzüberschreitenden Nationalpark Harz in drei Naturparks und im Biosphärenreservat Karstlandschaft Südharz geschützt. Zeugnisse der langen Siedlungsgeschichte, von Landwirtschaft, Handel und Bergbau gibt es vielerorts.

Vielfältige Wander-Palette

Das weitläufige Harzer Wegenetz bietet auf über 8000 Kilometern gut ausgebaute Wege ebenso wie anspruchsvolle Pfade. Die Wander-Palette umfasst familienfreundliche Touren, geführte Wanderungen mit Nationalpark-Rangern, thematische Touren und klassische Bergtouren. Wer gern wandert und sammelt, kann der »Harzer Wandernadel« nachjagen, die, je nach gesammelten Wanderstempeln, in unterschiedlichen Kategorien vergeben wird – nach dem Besuch aller 222 Stempelstellen wird man sogar zum »Harzer Wanderkaiser« gekürt.

Als besonderes Wander-Highlight zieht der Harzer Hexenstieg quer durch den Harz, knapp einhundert Kilometer lang, von Osterode in Niedersachsen ins sachsen-anhaltische Thale. Wo einmal Eselskarawanen unterwegs waren, um die Bergbausiedlungen von Clausthal-Zellerfeld zu versorgen, passiert man heute die Teiche und Gräben der »Oberharzer Wasserwirtschaft«. Bei Altenau beginnt der Nationalpark, in dem die Natur größtenteils sich selbst überlassen ist. Baumriesen, Moore, enge Pfade und Bohlenstege ziehen bis Torfhaus, wo die

Brockenumgehung abzweigt. Vom Brocken mit seiner herrlichen Rundsicht führt der Weg am Tal der Hexen bei Schierke vorbei, kreuzt am Knotenpunkt Drei Annen Hohne die Harzer Schmalspurbahn und erreicht Königshütte. Ab hier führt die Nordroute um die Rappbodetalsperre und über Rübeland mit seinen berühmten Tropfsteinhöhlen weiter, während die Südroute im Zeichen der Köhlerei steht. Bei Altenbrak treffen die Varianten wieder zusammen und folgen dem Wasser der Bode. Ab Treseburg ragen die Felswände immer höher, während unten der Fluss tost. Am Zielort Thale ist die Überschreitung geschafft, und Roßtrappe und Hexentanzplatz bieten spektakuläre Rückblicke auf den Brocken.

Kaum zu glauben

Der Harzer Naturistenstieg verläuft als erster offizieller deutscher Nacktwanderweg im Tal der Wipper auf einem Rundkurs von ca. 13 km. Schilder mit der Aufschrift »Willst Du keine Nackten sehen, darfst Du hier nicht weiter gehen« weisen auf die Nacktsportler hin. Einfach mal ausprobieren – Dornen und Brennnesseln wurden entfernt …

Wo das Brockengespenst tanzt

Dort oben am Brockengipfel sollen in der Walpurgisnacht (30. April) ja die Hexen tanzen, und auch das »Brockengespenst« wurde erstmals am mystischen Gipfel gesichtet. 1780 beschrieb der Theologe und Naturforscher Johann Esaias Silberschlag das optische Phänomen, das entstehen kann, wenn die speziell stehende Sonne den eigenen Schatten auf eine tiefer liegende Nebelfläche projiziert, oft umgeben von einem runden Glorienschein. Da kann einem schon mal mulmig werden, und das nicht nur am Brocken …

44

Hohe Wandergipfel

Oder : Höhenluft schnuppern leicht gemacht

Die deutschen Mittelgebirge erreichen mit dem Feldberg im → *Schwarzwald* gerade einmal 1493 Meter Gipfelhöhe. Höher hinaus wandern kann man in den Alpen, wo unzählige Zweitausender wie → *Watzmann* oder → *Zugspitze* warten. Es gibt sogar richtige »Wandergiganten«, die weit über die magische 3000-Meter-Grenze reichen und die gestandene Bergwanderer auf markierten Wegen, Pfaden und Steigen ohne Gletscherberührung und größere Kletterstellen besteigen können.

Wer eine gute Kondition hat, trittsicher und schwindelfrei ist und die Höhe verträgt (Symptome der Höhenunverträglichkeit wie Kopfschmerz, Übelkeit, Schwindelgefühl oder Appetitlosigkeit kann es schon ab etwa 2500 m geben), dem verheißen diese hohen Gipfel eine wahrhaft erhabene Bergerfahrung. Widrige Verhältnisse wie Nässe, Vereisung oder Wettersturz in hochalpinem Gelände können vermeintlich einfache Touren jedoch schnell schwierig und gefährlich machen. Eine vorausschauende → *Tourenplanung* sowie eine gute Ausrüstung sind deshalb Voraussetzung – und der rechtzeitige Abbruch der Tour das Gebot im Zweifelsfall!

Die nachfolgend aufgelisteten hohen Wandergipfel weisen bei guten Bedingungen kaum bzw. überschaubare Schwierigkeiten auf und geben vielleicht die eine oder andere Anregung.

Ostalpen

Großer Krottenkopf (2656 m), höchster Gipfel der Allgäuer Alpen, Stützpunkt: Kemptner Hütte

Fundusfeiler (3079 m), Ötztaler Alpen, Stützpunkt: Frischmannhütte

Kreuzspitze (3455 m), Ötztaler Alpen, Stützpunkt: Martin-Busch-Hütte

Sulzkogel (3016 m), Stubaier Alpen, Stützpunkt: Dortmunder Hütte in Kühtai

Habicht (3277 m), Stubaier Alpen, Stützpunkt: Innsbrucker Hütte

Schrankogel (3496 m), Stubaier Alpen, Stützpunkt: Amberger Hütte

Becher (3191 m) und **Wilder Freiger** (3418 m), südliche Stubaier Alpen, Stützpunkt: Teplitzer Hütte und Becherhaus (direkt auf dem Becher-Gipfel)

Richterspitze (3052 m), Zillertaler Alpen, Stützpunkt: Richterhütte

Wurmaulspitze (3022 m) und **Wilde Kreuzspitze** (3132 m), Zillertaler Alpen/Pfunderer Berge, Stützpunkt: Brixner Hütte

Hochfeiler (3510 m), höchster Gipfel der Zillertaler Alpen, Stützpunkt: Hochfeilerhütte

Hochkönig (2941 m), Berchtesgadener Alpen, Stützpunkt: Arthurhaus

Hoher Sonnblick (3106 m), Hohe Tauern/Goldberggruppe, Stützpunkt: Zittelhaus (direkt auf dem Gipfel)

Säuleck (3086 m), Hohe Tauern/Ankogelgruppe, Stützpunkt: Arthur-von-Schmid-Haus

Hintere **Schöntaufspitze** (3325 m), Ortlergruppe, Stützpunkt: Schaubach-hütte, Seilbahnunterstützung

Hoher Angelus (3521 m), Ortlergruppe, Stützpunkt: Düsseldorfer Hütte

Monte Vioz (3645 m), südliche Ortlergruppe, Stützpunkt: Rifugio Doss dei Cembri, Rifugio Mantova del Vioz

Cima Roma (2837 m), Dolomiten/Brenta-Gruppe, Stützpunkt: Rifugio M. O. Graffer

Piz Boè (3152 m), Dolomiten/Sella-Gruppe, Stützpunkt: Rifugio Boè

La Rosetta (2743 m) und **Cima della Vezzana** (3192 m; höchster Pala-Gipfel), Dolomiten/Pala-Gruppe, Stützpunkt: Rifugio Rosetta

Munt Pers (3207 m), Bernina, Stützpunkt: Diavolezza (Seilbahnstation)

Westalpen

Igl Compass (3016 m), Albulaalpen, Ausgangspunkt: Albulapass

Schwarzhorn (3146 m), Albulaalpen, Ausgangspunkt: Flüelapass

Monte Moro (2843 m), Wallis/Saas Fee, Ausgangspunkt: Mattmark-Stausee, grandioser Blick auf die Ostwand der Dufourspitze

Oberrothorn (3415 m), Wallis/Zermatt, Ausgangspunkt: Zermatt, Seilbahnunterstützung, Aussicht auf mehr als 25 Viertausender

Barrhorn (3610 m), Wallis/Martelltal, Stützpunkt: Turtmannhütte

Le Pain de Sucre (3208 m), Cottische Alpen, Ausgangspunkt: Col Agnel, Blick auf den Monviso

Rocciamelone (3538 m), Grajische Alpen, Stützpunkte: Rifugio Riposa und Rifugio Ca d'Asta, höchster Wallfahrtsberg der Alpen

Aiguille de la Grande Sassiere (3747 m), Grajische Alpen, Ausgangspunkt: Val d'Isere/Le Saut

Weitere hohe »Wandergipfel«

Corno Grande (2912 m), Gran-Sasso-Nationalpark Abruzzen/Italien, Ausgangspunkt: Campo Imperatore, dort Albergo

Cilindro de Marbore (3328 m), Pyrenäen/Ordesa-Nationalpark, Stützpunkt: Refugio de Goriz

Mulhacén (3482 m), höchster Gipfel Festlandspaniens, Sierra Nevada/Andalusien, Stützpunkt: Refugio Poqueira

Pico del Teide (3718 m), Teneriffa/Kanaren, Stützpunkt: Refugio de Altavista (Anmeldung erforderlich), alternativ Seilbahn bis ca. 150 Hm unterhalb des Gipfels, vorher Gipfelgenehmigung einholen

Djebel Toubkal (4167 m), höchster Gipfel des Hohen Atlas/Marokko, Stützpunkt: Toubkal-Hütte

Kilimandscharo (5895 m), höchster Gipfel Afrikas, mehrere Routen im Rahmen einer organisierten Tour möglich (➔ *Weit-Weg-Wandern*)

Hüttenwirte

Oder ⋮ Arbeiten, wo andere Urlaub machen

45

Schätzungsweise an die 1300 Berghütten gibt es in den Alpen, ein Großteil davon gehört den Sektionen der ➔*Alpenvereine* und wird auf Basis von Pachtverträgen von Hüttenwirten bewirtschaftet. Meist saisonweise, bei ganzjährig geöffneten Hütten auch rund ums Jahr leben die Hüttenwirtsleute am Berg und haben, je nach Lage der Hütte, ein unterschiedlich breites Aufgabenfeld: Auf leicht zugänglichen und häufig besuchten Hütten in niedrigeren Lagen (inklusive der Mittelgebirge) steht die Arbeit als Wirt im Vordergrund, auf schwer und langwierig zugänglichen Hochgebirgshütten ist zusätzlich alpine Erfahrung und Ausbildung in Bergrettung und Erster Hilfe gefragt. Deshalb arbeiten in diesen Schutzhütten oft ausgebildete Bergführer, die die aktuellen Verhältnisse ihrer Berge kennen und Bergsteiger bei ihrer ➔ *Tourenplanung* vor Ort beraten können.

Handwerklich geschickt und dienstleistungsorientiert

Die meisten Hüttenwirte sind in Sachen Logistik gefordert, um ihre Hütte über eine womöglich pflegeintensive Materialseilbahn oder mittels teurer Hubschrauberflüge zu versorgen. Technisches Verständnis auch zur Bedienung von komplexen Ver- und Entsorgungsanlagen (z. B. Fotovoltaik-Anlagen, Blockheizkraftwerke, Kläranlagen) gehören ebenso zu den gefragten Fähigkeiten wie handwerkliches Geschick und eine dienstleistungsorientierte Einstellung.

Von der Lage der Hütte und den entsprechenden Kenntnissen der Betreiber abhängig ist auch das gastronomische Angebot, von dem die Hüttenwirtsleute in der Hauptsache leben: Von der kleinen Auswahl einfacher hüttentypischer Gerichte reicht die Palette bis zu hausgemachten kulinarischen Spezialitäten. Erfreulicherweise achten immer mehr Hüttenwirte auf eine hochwertige Küche, verwenden regionale Lebensmittel und bieten mittlerweile auch immer mehr vegetarische oder vegane Gerichte an. So entwickelt sich eine authentische, moderne Hüttenküche, die den Wirten einen guten Ruf bringt – und ihren Hüttengästen kulinarische Genüsse.

46 Inselwandern
Oder ⦂ Zwischen Meer und Bergen

Dass Inseln vollständig von Wasser umgeben sind, macht sie so reizvoll. Der Kontrast zwischen dem endlos weiten Meer, das an weite Sandstrände rollt oder sich an schroffer Küste bricht, und der übersichtlichen Landmasse, die oft in gebirgigen Ketten mit üppiger Vegetation aus dem Wasserspiegel steigt, weckt Empfindungen von Freiheit und Entdeckerlust. Was gibt es Schöneres, als vom höchsten Punkt einer Insel übers Land und die Küstenlinien hinweg auf die blaue Weite zu blicken? Dieses erhabene Gefühl stellt sich beim Inselwandern häufig ein, egal, ob im Mittelmeer oder im Atlantik.

Mittelmeer-Inseln

BALEAREN: Mallorca bietet mehr als Strand und Ballermann. Alte, hergerichtete Hirtenwege leiten in mehrtägiger Wanderung durch die Serra de Tramuntana im Nordwesten, im lieblicheren Osten warten einsame Höhenwege und unberührte Buchten. Auf Menorca führen Wanderausflüge durch weitgehend intakte Natur- und Kulturlandschaft – fast die Hälfte des Eilands steht unter Landschafts- und Naturschutz.

KORSIKA: Die zu Frankreich gehörende, sehr gebirgige »Île de Beauté« ist ein Wanderparadies für erfahrene Bergwanderer, die Hochgebirgscharakter schätzen und im Monte-Cinto-Massiv auf über 2700 Meter Höhe steigen können. Ein Fernwander-Klassiker führt 170 anspruchsvolle Wanderkilometer weit auf der Grande Randonnée GR 20 in Nord-Süd-Richtung quer über die »Insel der Schönheit«.

SARDINIEN: Korsikas südliche, politisch zu Italien gehörende Nachbarinsel glänzt mit faszinierender Urlandschaft im einsamen Hinterland und den wild zerklüfteten Bergmassiven in der Ogliastra und im Gennargentu-Gebirgsstock. Uralte Kulturdenkmäler bereichern die sardischen Naturjuwele, die im »Selvaggio Blu« gipfeln. Entlang der östlichen Steilküste des Golfo di Orosei führt die anspruchsvolle Mehrtagestour teils weglos durch das »Wilde Blau« Sardiniens.

SIZILIEN: Auf der größten Insel im Mittelmeer lassen sich Zeugnisse vieler alter Kulturen entdecken. Fürs Wandern eignen sich die über 70 Naturreservate mit vielen Tourenmöglichkeiten. Besonders eindrücklich ist die Bergwelt um Taormina mit den Kalkbergen der Peloritani und dem alles beherrschenden Kegel des Ätna. Auf den Flanken des 3323 Meter hohen Vulkans wandert man zwischen Buchenwäldern und jungen Lavaströmen – der höchste Vulkan Europas ist auch der aktivste des Kontinents.

GRIECHISCHE INSELN: Von den über 6000 zu Griechenland gehörenden Inseln im Ionischen Meer und in der Ägäis sind noch gut 100 bewohnt, und viele eignen sich fürs Wandern. Einige seien beispielhaft genannt. In Korfus grünem Zentrum erhebt sich das schroffe Pantokrator-Gebirge bis über 900 Meter Höhe und gibt schöne Blicke frei. Auch Rhodos bietet abseits des Küstentrubels stille, reichhaltige Natur voller duftender Macchia – und mit dem 1215 Meter hohen Attavyros im Inselwesten einen massigen Gipfel, der Weitblicke bis nach Kreta erlaubt. Dort, auf der größten griechischen Insel, locken gleich drei schroffe Gebirge: Die »Weißen Berge« im Westen mit der berühmten Samaria-Schlucht, das Ida-Gebirge im Zentrum mit dem 2456 Meter hohen Psiloritis und das Dikti-Gebirge im Osten. Alle drei Massive kann man auf dem Europäischen Wanderweg E 4 erleben, der quer durch Kreta zieht. Das weniger bekannte Lesbos nahe der türkischen Küste bietet ebenfalls Wanderfreuden, so den »Versteinerten Wald« oder den Inselgipfel Olympos (968 m).

BRITISCHE INSELN: In Großbritannien kann man ausgezeichnet wandern, was nicht jeder vermutet. Im wanderfreundlichen Wales warten 800 Kilometer National Trails, darunter der Wales Coast Path entlang der gesamten walisischen Küstenlinie. Der Lake District in der englischen Grafschaft Cumbria ist Nationalpark und dank seiner Bilderbuchlandschaft als »englische Schweiz« bekannt. Hier lassen sich auch einige Dreitausender-Gipfel besteigen – gemessen in englischen Fuß. 282 dieser nicht durchgängig leicht zu erwandernden »Dreitausender«, Munros genannt, gibt es in Schottland, wo man dem schottischen Volkssport des Munro-Bagging nachgehen kann – wer alle Munros bestiegen hat, darf sich stolz »Munroist« nennen. Durch das Herz der Highlands führt der West Highland Way über 150 Kilometer und viele auch geschichtlich interessante Details. Als Höhepunkt wartet der Ben Nevis, mit 1344 Metern der höchste Berg Schottlands.

KANARISCHE INSELN: Sieben Inseln vulkanischen Ursprungs umfasst der zu Spanien gehörende Archipel. Der höchste spanische Berg, der 3718 Meter hohe Vulkankegel des Pico del Teide, liegt auf der größten Kanareninsel Teneriffa. Zu seinen Füßen erstrecken sich die Cañadas, aber auch das Anaga- und das Tenogebirge bergen lohnende Wanderrouten. Auf kleinem Raum konzentriert Gran Canaria landschaftliche Vielfalt pur. Im Zentrum reicht der erloschene Pico de las Nieves immerhin auf 1949 Meter, das Wahrzeichen der Insel ist der Basaltfelsen Roque Nublo (1813 m). La Palma trägt den Beinamen »Isla Bonita« zu Recht: Im Norden dominiert der riesige Krater der Caldera de Taburiente, den ein Gipfelring mit Höhen bis zu 2400 Metern umgibt. Südlich schließt sich der Höhenzug der Cumbre Nueva und Cumbre Vieja an, der die Insel in zwei klimatisch unterschiedliche Hälften teilt.

MADEIRA: Die Insel gehört zu Portugal und gilt als Wanderparadies. Entlang den Levadas, kleinen Wasserkanälen, die maurische Sklaven vor gut 300 Jahren angelegt haben, bieten sich grandiose Ein- und Ausblicke auf die Insel, die teilweise UNESCO-Weltnaturerbe ist. Anregend wandert man auch zwischen dem dritthöchsten Gipfel Pico do Arieiro und dem höchsten Berg Pico Ruivo (1862 m).

AZOREN: Die Azoren als westlichster Außenposten Europas gehören wie Madeira zu Portugal und eignen sich gut zum Inselhüpfen und -wandern. Milde Atlantikströme sorgen für grüne, blühende Landschaften auf den fruchtbaren Lava-Inseln São Miguel, Flores, Corvo, Faial, Pico und São Jorge. Der Pico Alto, mit 2351 Metern höchster Berg Portugals, liegt auf der zweitgrößten Azoreninsel Pico.

KAPVERDEN: Neun kleine, bewohnte Inseln bilden die unabhängige Republik Cabo Verde. Hier ermöglicht das ganzjährige Sommerklima mit wenigen Regentagen und angenehmen Temperaturen genussreiches Wandern. Die teils aus Kolonialzeiten stammenden Pfade durch die tropischen Täler auf Santo Antão, die bizarren Berge auf São Nicolau und der größte Vulkan der Inselgruppe auf der Insel Fogo (Pico de Fogo, 2829 m) sind die kapverdischen Wander-Highlights.

Jura

47

Oder : Wo man beidseits der Grenze
: Französisch spricht

Das Juragebirge liegt an der französisch-schweizerischen Grenze zwischen Zürich und Genf und wird östlich durch das Schweizer Mittelland von den →*Alpen* getrennt. Wie diese ein Faltengebirge, reicht der waldreiche, 300 Kilometer lange und bis 70 Kilometer breite Jura häufig über die Baumgrenze (1400–1600 m) und hat mehr Bezüge zu den Alpen und Voralpen als zu anderen mitteleuropäischen Mittelgebirgen – er ist fast ein Hochgebirge. Im östlichen Schweizer Jura klettern Steinböcke durch schroffe Felswände, die steil in die Ebene und zum Genfer See abfallen, im westlichen Französischen Jura grasen Kühe auf den Wiesen von Hochebenen, die sich stufenweise aufbauen.
Bizarr gefaltete Berge – die höchsten Gipfel Crêt de la Neige (1720 m), Reculet (1718 m) und Colomby de Gex (1689 m) liegen nordwestlich von Genf in Frankreich – scharf in den Kalkstein eingeschnittene Täler, tiefe

Schluchten, dichte Waldflächen durchsetzt mit offenen Bergweiden und einzelnen riesigen Fichten kennzeichnen diese Juralandschaft.

Auch das Klima weist große Gegensätze auf: In der kargen Höhe mitunter rau und feucht, ist der Jura bekannt für Schneereichtum und winterliche Extrem-Temperaturen – mit jeweils unter −41° C lagen hier die tiefsten gemessenen Temperaturen der Schweiz und Frankreichs. Auf den Hängen des südlichen Jura mit schon fast mediterranem Charakter hingegen wächst hervorragender Wein.

Malerisch und spektakulär

Mit seinen vielfältigen Natursehenswürdigkeiten, Höhlen, Quellen, Kesseln und Schluchten ist der Jura rund ums Jahr ein ideales Gebiet für (Ski-)Wanderer und Radfahrer. Auf beiden Seiten der Grenze gibt es viele lohnende Wanderwege für Tages- und Mehrtagestouren. Im Schweizer Kanton Jura etwa sind die Freiberge (frz.: Franches Montagnes) besonders malerische Ziele. Und auf französischer Seite zählt die Rundwanderung zum Creux du Van zu den Wanderklassikern: Das spektakuläre Felsentheater mit bis zu 160 Meter hohen Abbrüchen und einem Durch-

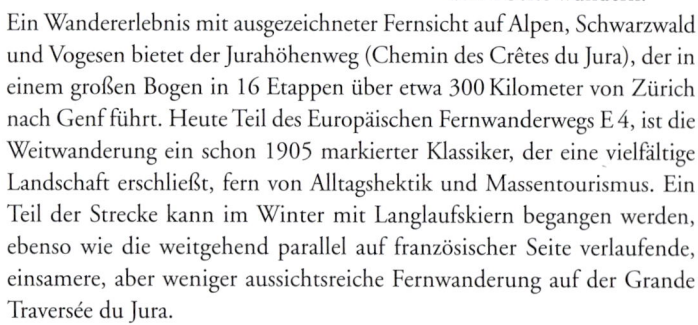

messer von rund einem Kilometer kann man hart an der Abbruchkante umwandern und sich über den Gegensatz zu den sanft abfallenden Wiesen auf der anderen Seite wundern.

Ein Wandererlebnis mit ausgezeichneter Fernsicht auf Alpen, Schwarzwald und Vogesen bietet der Jurahöhenweg (Chemin des Crêtes du Jura), der in einem großen Bogen in 16 Etappen über etwa 300 Kilometer von Zürich nach Genf führt. Heute Teil des Europäischen Fernwanderwegs E 4, ist die Weitwanderung ein schon 1905 markierter Klassiker, der eine vielfältige Landschaft erschließt, fern von Alltagshektik und Massentourismus. Ein Teil der Strecke kann im Winter mit Langlaufskiern begangen werden, ebenso wie die weitgehend parallel auf französischer Seite verlaufende, einsamere, aber weniger aussichtsreiche Fernwanderung auf der Grande Traversée du Jura.

Kartenlesen

48

Oder : Damit man weiß, wohin man will

Für die Jogging-Runde im Stadtpark oder für den Spaziergang im Gemeindewald braucht man keine Landkarte, auch wenn das oft rechtwinklige Forststraßennetz die Orientierung erschwert. Meist helfen Wegweiser, und zur Not kann man fragen. Wandert man aber in wenig bekannten oder unbekannten Gegenden, gehört eine gute Wanderkarte in den Rucksack – man will ja wissen, wo man sich befindet und wie man wohin kommt.

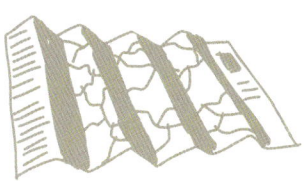

Karten für jeden Anspruch

Für Tal- oder Mittelgebirgswanderungen reichen die fast flächendeckend verfügbaren Kompass-Wanderkarten im Maßstab 1:50 000 (1 cm auf der Karte entspricht 500 m), die einen guten Überblick geben. Fürs → *Bergwandern* empfehlen sich topografische Landkarten im Maßstab 1:25 000 (1 cm in der Karte entspricht 250 m), wie etwa die Alpenvereinskarten, die amtlichen Kartenwerke von Bayern (TK) und Österreich (ÖK) oder die Schweizer Landeskarten (SLK). In Italien empfehlen sich die IGN-, Tabacco- und 4Land-Karten, in Frankreich die IGE-Blätter.

Topografische Karten bilden dreidimensionale Geländeformen zweidimensional ab und nutzen dafür Höhenlinien und Schummerungen. Je näher Höhenlinien auf der Karte beieinander liegen, desto steiler ist das Gelände; sanfte Höhenlinien-Kurven stellen Geländerücken dar, spitze Winkel zeigen scharfe Grate oder Gräben an. Die Schummerung hilft über verschiedene Schattierungen, die abgebildete Landschaftsform intuitiv zu erfassen, wobei Farben für die unterschiedlichen Oberflächen stehen: Wald, Wiesen, Schutt, Schnee bzw. Gletscher; Felsbereiche werden zeichnerisch dargestellt.

Orientierungshilfe zur Standortbestimmung

Um eine Karte im Gelände zu »lesen«, muss man sie entsprechend der Himmelsrichtungen grob ausrichten. Bekannte markante Punkte (Gipfel, Aussichtspunkte, Täler, Flüsse etc.) in der Umgebung sucht man auf der Karte und dreht sich mit ihr so lange, bis die Blickrichtung passt. Andernfalls hilft das Einnorden mit einem Kompass, dessen Windrose auf Nord gestellt ist. Dazu legt man die Anlegekante des Kompasses an die senkrechten Linien des Karten-Gitters und dreht sich wieder so lange, bis die Kompassnadel auf die Nordmarke zeigt.

Die Orientierung mit einer Karte (nicht nur mit einem ausgedruckten Kartenausschnitt) erleichtert die Identifizierung der umgebenden Landschaft, wenn man den eigenen Standpunkt kennt. Zum anderen lässt sie den eigenen Standort bestimmen, wenn man sich nicht sicher ist. Dabei helfen mit dem Kompass ermittelte Peillinien, Blicklinien per Augenschein oder der Abgleich auffälliger Geländestrukturen.

Auch wenn digitale Karten und Orientierungshilfen (→ *GPS*) heute selbstverständlich genutzt werden, sollte man mit Papierkarten umgehen können. Es muss ja nicht gleich ums Vermeiden möglicher → *Abstürze* gehen.

49 Kinderleicht wandern

Oder : So gefällt's auch dem Nachwuchs

Was Erwachsene schätzen – das Unterwegssein in schöner Landschaft oder das Erreichen eines Zieles –, ist für Kinder meist ziemlich unwichtig. Sie haben noch kein ausgeprägtes Gespür für Schönheit, für sie zählt Bewegung, Spiel, Abwechslung und abenteuerliches Entdecken. Wer seinen Nachwuchs zum Wandern mitnehmen möchte, sollte sich an dessen altersspezifischen Voraussetzungen, Bedürfnissen und Interessen orientieren.

Wandern mit Kindern jeden Alters

Säuglinge kann man im Tragetuch auf kürzeren Ausflügen mitnehmen, längere Wanderungen gefährden die noch instabile Wirbelsäule.

Kleinkinder, die stabil sitzen können, fühlen sich oft in einer bequemen Kinderkraxe wohl, wenn sie nicht stundenlang bewegungslos darin sitzen müssen. Rätselspiele und Geschichten erzählen zwischendurch sowie regelmäßige Pausen mit viel Zeit für gemeinsame (Bewegungs-)Spiele gehören unbedingt dazu.

Auf Wanderungen mit Kindern im Vor- und Grundschulalter sollte das Erlebnis im Vordergrund stehen, nicht das sportliche Ziel. Der Wald ist ein großer Abenteuerspielplatz mit Ameisenhaufen, kleinen und größeren Tieren zum Beobachten und Forschen und vielen Naturstoffen zum Basteln, genauso wie Wiesen und Bäche, auf denen man Boote fahren lassen oder die man aufstauen kann. Sehr beliebt sind Picknicks mit leckerem, gemeinsam zubereitetem Essen oder das Sitzen am →*Lagerfeuer*.

TIPP: Der Umgang mit Fotoapparat, Fernglas oder GPS-Gerät ist für Kinder spannend und ein probates Mittel gegen Langeweile.

Gemeinsames Planen fördert den Wanderspaß

Kinder profitieren vom Draußen-unterwegs-Sein, das ihre Fähigkeiten und Interessen entwickeln hilft. Gemeinsame Aktivitäten fördern die sozialen Kontakte, und die Erfahrung, nach körperlicher Anstrengung ein Ziel zu erreichen, stärkt das Selbstwertgefühl. Wandert man in größeren Gruppen mit mehreren Kindern, bringt das mehr Spaß. Gleiches gilt für möglichst abwechslungsreiche Wegstrecken, idealerweise als Rundweg auf schmalen Pfaden mit einem attraktiven (Zwischen-)Ziel wie einer Burg, einer Alm oder Hütte.

Die kindergerechte Wanderstrecke berechnet man nach folgender Faustregel: Das Lebensalter des Kindes mal 1–1,5 Kilometer; bei Bergauf- oder Bergabstrecken entsprechen 100 Höhenmeter einem Kilometer. Eine klassische Familienwanderung ist nicht länger als fünf bis sechs Kilometer, für die man durchaus vier bis sechs Stunden brauchen kann.

Lässt der Nachwuchs eigene Motivation fürs Wandern erkennen, fördert genaues Beobachten und gemeinsames Planen mit Berücksichtigen der geäußerten Ideen das Interesse. Zum familiengerechten Bergwandern gibt es beim →*DAV* Tipps und eine Broschüre mit kinderfreundlichen Berghütten, die sich als Ziele eignen.

50 Klimawandel

Oder : Wie wir in Zukunft zu Berge ziehen
werden

Die bedeutendsten Wissenschaftler sind sich einig: Zusätzlich zu den natürlichen Klimaschwankungen wurden in den letzten Jahrzehnten die mittleren Temperaturen auf der Erde durch den Einfluss des Menschen stark erhöht. Sogenannte Treibhausgase wie Kohlendioxid (aus Heizungen und Verkehr) oder Methan (aus Intensivlandwirtschaft) heizen das Klima an. Schon heute liegt die mittlere Temperatur im nördlichen Alpenraum um 1,6 °C höher als vor 100 Jahren. Zum Vergleich: In der letzten Eiszeit (vor 18 000 Jahren), als die Alpengletscher fast bis in die Gegend um München reichten, war es 4 °C kälter als heute. Ein weiterer Temperaturanstieg um 3 °C – der mit der heutigen Weltpolitik kaum zu vermeiden ist – würde zu einem Klimazustand führen, den es in den letzten drei Millionen Jahren noch nie gab.

Gletscherrückgang in den Bergen

Der Klimawandel betrifft die ganze Erde. Am stärksten betroffen sind dicht besiedelte Küstengebiete, die durch den Anstieg des Meeresspiegels nach Schmelzen der großen Inlandeise (Antarktis, Grönland) von Überschwemmungen bedroht sind, verstärkt durch heftigere Unwetter und Stürme, weil die erwärmte Atmosphäre mehr Energie enthält. In Deutschland sind wir durch mildere Temperaturen eher auf der Gewinnerseite des Klimawandels – den Wein aus der Lüneburger Heide werden wir freilich mit Malariagefahr im Rheintal bezahlen müssen.

Doch was macht der Klimawandel mit den →*Alpen*, die auf atmosphärische Änderungen besonders sensibel reagieren, und wie betrifft er die Bergsportler? Immerhin wird von regionalen Klimamodellen vorausgesagt, dass die Jahresdurchschnittstemperatur im Alpenraum in den nächsten 30 Jahren um 2 °C ansteigt, die Niederschlagsmengen um zehn Prozent abnehmen, im Sommer längere Trockenperioden auftreten und Stürme und Starkniederschläge zunehmen werden.

Die offensichtlichste Folge des Klimawandels ist der Gletscherrückgang. Von 1850 (Ende der letzten Kleinen Eiszeit) bis 1970 verloren die Alpengletscher die Hälfte ihres Volumens und seither, unter dem Einfluss des menschengemachten Klimawandels, bis heute weitere 30 Prozent. Fast alle vermessenen → *Gletscher* gehen zurück, mit wachsender Geschwindigkeit. Freilich belegt der Fund des »Ötzi«, dass vor 4000 Jahren die Gletscher schon einmal genauso klein waren wie heute (und wieder gewachsen sind).

Bedrohte Flora und Fauna

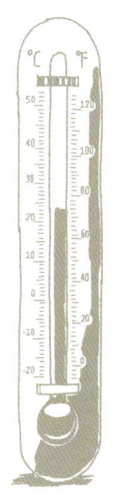

Aber beim heutigen Stand bleibt es nicht: Die Klimaerwärmung wird weitergehen, da Politik, Wirtschaft und Menschen nach wie vor keine ausreichenden Maßnahmen dagegen treffen. Und: Vor 4000 Jahren war die Gesellschaft eine andere; heute wirken Änderungen in den Alpen stärker auf die dicht besiedelten, intensiv genutzten menschlichen Lebensräume. Die Natur braucht schließlich den Menschen nicht, aber der Mensch die Natur. Nicht zu vergessen: Gletscher sind (Trink-)Wasserspeicher – für Berghütten, aber auch für ganze Täler und sogar für Städte im Alpenvorland.

Doch der Klimawandel betrifft nicht nur die Gletscher: »Vormals sichere Wege werden durch Starkniederschläge bedroht, hoch gelegene Hütten verlieren ihr Permafrost-Fundament«, schreibt der Deutsche Alpenverein. Und Skigebiete wird es in Deutschland 2050 wahrscheinlich nur noch zwei geben: an der → *Zugspitze* und am Nebelhorn – da wird auch das Aufrüsten mit immer moderneren Schneekanonen nicht viel nützen.

Erwärmung bedeutet außerdem eine Veränderung der Lebensbedingungen für Pflanzen und Tiere. Während Tiere aber relativ flott nach oben oder in kühlere Regionen abwandern können, sind Pflanzen nicht so flexibel – einige Arten sind vom Aussterben bedroht. Wenn sich auch Schutzwälder lichten sollten, bedrohen Lawinen, die wegen heftigerer Niederschläge ohnehin häufiger werden dürften, auch verstärkt Siedlungen im Tal.

Gegenmaßnahmen und Anpassungen

Gegenmaßnahmen: Als Einzelperson kann man den Klimawandel nicht stoppen. Aber man kann versuchen, seinen individuellen ökologischen Fußabdruck so gering wie möglich zu halten: durch Energiesparen, beispielsweise möglichst seltenes Fahren mit einem möglichst primärenergieschonenden Auto (→ *Anfahrt*). Und man kann politische Parteien wählen, die sich für langfristig wirksame Klimaschutzmaßnahmen einsetzen.

Anpassungen: Bergsteiger, die das Eis lieben, sollten sich beeilen – ihr Biotop dünnt aus. Schon heute sind viele klassische Eiswände ausgeapert und nur noch im Herbst oder Frühling mit verfirntem Schnee begehbar. Gletscher gehen zurück, reißen auf oder hinterlassen glatt geschliffene Felsplatten mit Geröllauflage und unsolide, steile Moränenhänge. Zunehmend heiße Sommer schmelzen den Permafrost und vermehren Stein- und Eisschlag, womöglich unterstützt durch heftige Niederschläge. Und wenn man erschöpft auf die Hütte kommt (falls sie nicht wegen schmelzendem Fundament aufgegeben werden musste), gibt es womöglich kein Wasser. Doch auch im nicht vergletscherten Gelände wird sich die Saison womöglich aus dem trockenen Sommer in den Frühsommer oder Frühherbst verlagern – an den heißen Sommertagen wird man sich eher in Schattenseiten aufhalten.

51 Lagerfeuer

Oder : Was innen wie außen warm macht

Gemütlich ums Feuer sitzen, den Tag bei einem ruhigen Ratsch und einem Bier ausklingen lassen, einige Lieder dabei singen – solche Abende bleiben in guter Erinnerung. Mehr noch die warmen Nächte im Freien, mit knisternden Holzscheiten, Rauch in der Nase und einem klaren Himmel mit funkelnden Sternen über dem Kopf.

Vielleicht tut ein Lagerfeuer-Abend deshalb so gut, weil er unsere Urinstinkte anspricht und Reminiszenzen an graue, gefährliche Vorzeiten weckt, in denen das Feuer überlebenswichtig war für »Ötzi« & Co. (→ *Berühmte Wanderer*). Heute brauchen wir ein Lagerfeuer eher selten zum Wärmen, Trocknen, Kochen oder zum Vertreiben von Insekten und Tieren. Es macht einfach Spaß und ist gesellig, egal ob es an einer dafür vorgesehenen Feuerstelle oder in der freien Natur brennt.

Den vielen Vorteilen, nicht mehr im Pleistozän leben und sich vor dem Säbelzahntiger fürchten zu müssen, steht ein Nachteil gegenüber: Wir können heute nicht nach Lust und Laune ein Feuer entzünden und müssen einige Regeln beachten.

Regeln beachten

Das Feuermachen in der offenen Landschaft ist in Deutschland länder-weise im Naturschutzgesetz geregelt und nur zu bestimmten Zeiten an be-stimmten Orten erlaubt. Auch die Landeswaldgesetze äußern sich dazu: Da für die Umgebung keine Brandgefahren entstehen dürfen, sind großzügige Entfernungen von Wald, Gebäuden und brennbaren Stoffen einzuhalten; bei Waldbrandgefahr ist offenes Feuer generell verboten. Lagerfeuer sind in überschaubarer Größe zu halten und dürfen nie ohne Aufsicht bleiben. Man sollte sie nicht auf Felsen anlegen (die zerspringen könnten), brenn-bare Materialien wie Kleidung, Decken oder Schlafzelte fernhalten und den Funkenflug beachten. Verlässt man den Lagerplatz, muss das Feuer mit allen glühenden Teilen gelöscht werden.

Einfacher ist es, sich an organisierten »Festfeuern« zu erfreuen, z. B. in der Walpurgisnacht am Hexentanzplatz im → *Harz* oder zur Sommersonnen-wende an den vielen Johannis- oder Sonnwendfeuern in den Alpen.

Lesestoff   52

Oder ⦙ Die Qual der Wahl

Amazon zeigt über 10 000 Buch-Treffer zum Suchbegriff »Wandern & Bergsteigen« an – ein Beleg dafür, dass der Wanderboom der letzten Jahre auch für die Wanderliteratur gilt. Unzählige Wanderführer zu lo-kalen, regionalen, nationalen und inter-nati-onalen Wanderzielen, als Einzel- und Reihentitel, allgemein gehalten oder sehr ausdifferenziert, erscheinen in kleinen und großen Verlagen.

Diese Bücherflut zu überblicken ist nicht möglich, wohl aber dazu geeig-net, den individuellen Informationsbedarf gezielt zu befriedigen. Hinzu kommen Periodika und Fachzeitschriften, die alle Aspekte des Wanderns für unterschiedliche Zielgruppen aufbereiten. Ganz zu schweigen von Wander-Webseiten, Wander-Blogs, Wander-Apps & Co., die mit mehr oder weniger qualitativen Inhalten User überzeugen wollen (→ *Touren-portale und -foren*).

Klassisch, witzig, authentisch

Was soll man empfehlen? Vielleicht Wander-Klassiker aus der Romantik, deren Werke das Schmökern auch heute lohnen: Johann Gottfried Seumes »Spaziergang nach Syrakus« (→ *Berühmte Wanderer*), Heinrich Heines »Harzreise«, die Werke von Joseph von Eichendorff und Joseph Victor von Scheffel, Theodor Fontanes »Wanderungen durch die Mark Brandenburg« oder Mark Twains Reisebücher wie »Bummel durch Europa«.

Unter der Vielzahl zeitgenössischer Wanderliteratur stechen einige Bücher heraus, darunter Hape Kerkelings »Ich bin dann mal weg. Meine Reise auf dem Jakobsweg«. Dieses »Standardwerk« hat es ab 2006 auf die Bestsellerlisten geschafft und dem Wandern einen Image-Schub verpasst, weil der Entertainer charmant und witzig über die außergewöhnlichen Erfahrungen auf seiner → *Pilgerreise* erzählt.

Lesenswert sind auch die authentischen Reiseberichte des Journalisten, Autors und Fernwanderers Wolfgang Büscher und die unterhaltsamen Bücher von Manuel Andrack, von »Du musst wandern« (2005) bis »Gesammelte Wanderabenteuer – Warum Wandern glücklich macht« (2013). Nicht zu vergessen: »101 Dinge, die ein Wanderer wissen muss« – aber das lesen Sie ja gerade.

Und bei aller Lektüre immer daran denken: Glücklich macht das Wandern, nicht das darüber Lesen …

53 Liedgut

Oder : Selbst singen statt Songs hören

»Wo man singt, lass dich ruhig nieder, Bösewichter haben keine Lieder«, dichtete der »Wanderphilosoph« Johann Gottfried Seume (→ *Berühmte Wanderer*) im 18. Jahrhundert, als Dichter und Musiker des Sturm und Drang und der Romantik auf der Suche nach dem einfachen, naturnahen und unverfälschten Leben das deutsche Liedgut entdeckten. Johann Gottfried Herder (1744–1803) prägte den Begriff »Volkslied«, gab erste Sammlungen heraus und inspirierte viele Nacheiferer, die in den folgenden 100 Jahren die mündlich tradierten Volkslieder sammelten.

Ende des 19. Jahrhunderts konnten die → *Alpenvereine*, → *Wandervereine* und die einsetzende Jugendbewegung ein breites Lieder-Repertoire aufgreifen und weiterentwickeln. Besonders aktiv war der → *Wandervogel*, der im Liederbuch »Zupfgeigenhansl« seinen abenteuerlich-romantischen, singend durch Wald und Flur ziehenden jugendlichen Lebensstil verewigte. Bis 1933 wurden über eine Million Exemplare des Liederbuchs gedruckt.

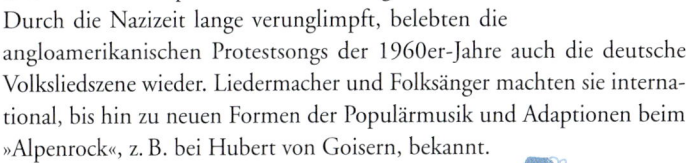

Durch die Nazizeit lange verunglimpft, belebten die angloamerikanischen Protestsongs der 1960er-Jahre auch die deutsche Volksliedszene wieder. Liedermacher und Folksänger machten sie international, bis hin zu neuen Formen der Populärmusik und Adaptionen beim »Alpenrock«, z. B. bei Hubert von Goisern, bekannt.

Frank und frei mal selber trällern

Viel besser als nur Lieder zu hören, ist es, mal wieder selbst zu singen – am romantischen → *Lagerfeuer*, auf der Hütte oder unterwegs. Eifern wir den sangesfreudigen Italienern nach, die ihre unbändige → *Wanderlust* viel öfter frank und frei in die Welt trällern. Passende Lieder und -sammlungen gibt es unzählige. Hier zwei altbekannte Klassiker zum Üben:

Kaum zu glauben

Das 1914 gegründete Deutsche Volksliedarchiv in Freiburg ist zentrale Sammelstelle für die Pflege und Dokumentation des deutschsprachigen Volkslieds. In einem Projekt werden die unter 2600 Liedern ausgesuchten 200 bedeutendsten traditionellen Lieder aufgearbeitet (zu finden unter www.liederlexikon.de).

WEM GOTT WILL RECHTE GUNST ERWEISEN (C-DUR)

Wem Gott will rechte Gunst erweisen | Den schickt er in die weite Welt,
Dem will er seine Wunder weisen | In Berg und Wald und Strom und Feld.
Die Trägen die zu Hause liegen | Erquicket nicht das Morgenrot,
Sie wissen nur von Kinderwiegen | Von Sorgen, Last und Not um Brot.
Die Bächlein von den Bergen springen | Die Lerchen schwirren hoch vor Lust,
Was soll ich nicht mit ihnen singen | Aus voller Kehl und frischer Brust?
Den lieben Gott lass ich nun walten | Der Bächlein, Lerchen, Wald und Feld
Und Erd und Himmel will erhalten | Hat auch mein Sach aufs best bestellt.

IM FRÜHTAU ZU BERGE (E-DUR)

Im Frühtau zu Berge wir gehn, fallera | Es glänzen wie Smaragden alle Höhn, fallera

|: Wir wandern ohne Sorgen singend in den Morgen, wenn wir im Frühtau zu Berge ziehn. :|

Ihr Alten und Weisen, lebt hoch, fallera |wir sind nicht so gescheit wie ihr, fallera

|: Wer wollte aber singen, wenn wir schon Grillen fingen in dieser fröhlichen Frühlingszeit. :|

Werft ab alle Sorgen und Qual, fallera | und wandert mit uns aus dem Tal, fallera

|: Wir sind hinaus gegangen, den Sonnenschein zu fangen. Kommt mit und versucht es doch auch einmal. :|

54 Luft unterm Hintern

Oder : Wie man die Berge von oben sehen kann

Luft unter den Füßen genießen (oder fürchten) Bergsteiger normalerweise am ehesten im Felsgelände. Sich über die Erdoberfläche, ja gar über die Gipfel hinauszuerheben, den Traum vom Fliegen ohne Motor- oder Segelflugzeug individuell wahrzumachen und auszuleben, dieser Wunsch wurde im letzten Drittel des 20. Jahrhunderts wach und realisierbar. Seither wurden verschiedene Fluggeräte entwickelt, die sich mehr oder weniger gut mit Bergtouren kombinieren lassen. Für alle sind eine Zulassung und ein Flugschein nötig.

DRACHENFLIEGEN Flugdrachen, auch Hängegleiter oder Deltasegler genannt, waren die ersten Geräte, mit denen der Traum vom Fliegen greifbar wurde. In den 1960er-Jahren wurden in den USA die ersten Modelle entwickelt. Mike Harker machte den Sport 1973 mit einem Flug von der →*Zugspitze* populär. Damals bestanden die Drachen aus einem Aluminiumrahmen mit Tuchbespannung; heute gibt es auch Starrflügler-Konstruktionen. Die um die 20 Kilogramm schweren Modelle bringt man meist per Seilbahn zur Startrampe; ihre Gleitleistung liegt bei 10 bis 20 Meter pro Meter Höhenunterschied, bei einer Sinkrate von einem Meter pro Sekunde. Durch Nutzung von Thermik- und Hangaufwinden können erfahrene Flieger Höhe gewinnen und stundenlang in der Luft bleiben – einen Streckenflug-Weltrekord stellte 2012 der US-Amerikaner Dustin Martin auf: 764 Kilometer.

GLEITSCHIRMFLIEGEN Mitte der 1980er-Jahre kamen kissenförmige Fallschirme auf, die gut lenkbar waren und ein Starten mit Anlauf oder Gegenwind an steilen Hängen erlaubten. Wegen geringeren Gewichts und Aufwands überholten sie schnell das Drachenfliegen an Beliebtheit. Nach unfallreicher Anfangszeit sind heute leistungsfähige Gleitschirme (auch Gleitsegel oder Paragleiter genannt) auf dem Markt, die inklusive Notsystem nur wenige Kilo wiegen und »Hike & Fly« erlauben: hochwandern oder -klettern und knieschonend runterfliegen. Gleitschirme schaffen bei einer Sinkrate von einem Meter pro Sekunde bis zu zehn Meter Strecke pro Meter Höhenverlust; durch Aufwinde ist stundenlanges Fliegen möglich. Als Weltrekord im Streckenfliegen gelten die 582 km von Tacima nach Paraíba, von drei Brasilianern 2019 gemeinsam erflogen.

Kaum zu glauben

Wem Wingsuit-Fliegen zu harmlos ist, der folgt beim »Proximity Flying« möglichst knapp dem Profil der Erdoberfläche und zielt zwischen Schluchten, Scharten und Felslöchern hindurch. Als ultimative Herausforderung gilt das Landen ohne Schirm.

SPEEDFLYING Wem das normale Gleitschirmfliegen zu langweilig wird, der verkleinert die Schirmfläche, was die Geschwindigkeit auf 60–120 km/h erhöht und in Kombination mit Skiern eine rasante Mischung aus Fahren und Fliegen entlang des Hangprofils erlaubt. Höhengewinn oder Streckenflüge sind bei dieser Variante kein Thema mehr.

BASEJUMPING Wem das bodennahe Speedflying zu solide ist, der springt mit eingepacktem Schirm von »**B**uildings, **A**ntennas, **S**pans (Brücken) or **E**arth (Boden)« ab, also z. B. über überhängenden Wänden, und zieht den Schirm erst in der Luft.

WINGSUIT Wem das Basejumping zu sicher ist, der zieht einen Wingsuit an: Bei diesen Anzügen sind zwischen Oberkörper und Armen »Flughäute« angebracht, die durch das Armausbreiten zu Flügeln werden und Gleitwinkel bis 1 : 3 erreichen – wie die ersten Gleitschirme. Der Russe Valery Rozov (1964–2017) erkundete spektakuläre Wingsuit-Startplätze an Bergen, etwa an den Drus, am Mont Blanc, am Shivling und am Everest.

55 Messner

Oder : Der größte Bergsteiger aller Zeiten?

Reinhold Andreas Messner, geboren am 17.9.1944 in Brixen (ITA) als eines von neun Kindern, hat als Bergsteiger die Alpinismusgeschichte beeinflusst und weiterentwickelt wie kaum ein anderer – und auch kulturell prägnante Wegmarken hinterlassen.

In seinem »annus mirabilis« 1969 beging er allein damalige Spitzenrouten wie Droites-Nordwand (ED), die Philipp-Flamm-Verschneidung (VI+) an der Civetta und eine neue Route in der Marmolada-Südwand (VI+, A1). Schon 1968 hatte er bei der Erstbegehung des Mittelpfeilers am Heiligkreuzkofel vielleicht den VIII. Grad gestreift – sein Buch »Der siebte Grad« rüttelte an den damaligen Grundüberzeugungen des klassischen Bergsteigens.

Auch in den Weltbergen knackte er Tabus. Mit Peter Habeler gelang ihm 1975 die Erstbegehung der Nordwestwand am Gasherbrum I (8080 m) in Zweierseilschaft, und 1978 erreichten sie als erste Menschen ohne Flaschensauerstoff den Gipfel des Everest (8848 m), was manche Ärzte als nicht überlebbar eingeschätzt hatten. Im gleichen Jahr stieg er im Alleingang auf den Nanga Parbat (8125 m) und 1980 noch mal auf den Everest, alleine über die Nordwand und ohne Hilfssauerstoff – eine der größten Leistungen im Alpinismus. 1986 komplettierte er als Erster die Besteigung aller 14 Achttausender und als zweiter die Seven Summits. Danach durchquerte er die Antarktis, Grönland und die Wüste Gobi.

Bergsteigen als Weg der Selbstfindung

In über 70 Büchern hat Messner von seinen Unternehmen erzählt und die Gedankenwelt der ambitionierten Alpinisten einem breiten Publikum verständlich gemacht. Sein Begriff des »Grenzgängers« setzte gegen das Zerrbild vom bloßen »Extremen« ein werteorientiertes Ideal: Bergsteigen als Weg der Selbstfindung durch Ausloten der persönlichen Fähigkeiten. Von 1999 bis 2004 saß er für die Grünen im Europäischen Parlament. Für ihn ist die Begegnung mit möglichst unverfälschter und ungezähmter Natur eine Möglichkeit zur Selbsterfahrung und -erfüllung.

Mit Unterstützung des Landes Südtirol gestaltete er zwischen 2003 und 2015 die sechs Standorte seines Messner Mountain Museum (Sulden, Monte Rite und Kronplatz, Schlösser Sigmundskron, Juval und Bruneck), in denen er die kulturelle, sportliche und spirituelle Bedeutung der Berge für die Menschen aufbereitet hat. Sein »neues Leben« ist das eines Regisseurs: Gemeinsam mit seinem Sohn Simon setzt er seit 2018 dem »kulturellen Erbe des Alpinismus« filmische Denkmale.

Mittelgebirge 56

Oder ⋮ Uralt und typisch deutsch

Mittelgebirge sind zwischen dem Hochgebirge der → *Alpen* und dem niedrigeren Hügelland einzuordnen. Sie erreichen meist eine Höhe bis 1500 Meter, was der Grenze zwischen montaner und alpiner Höhenstufe entspricht. Mittelgebirge haben keine unterschiedlichen Vegetationsstufen, überschreiten kaum die Baumgrenze und sind bzw. waren schließlich auch nicht vergletschert.

Neben der Höhe spielt der Höhenunterschied zwischen dem höchsten Punkt und dem Gebirgsfuß, angegeben in Metern pro Quadratkilometer, die sogenannte Reliefenergie, die entscheidende Rolle bei der Zuordnung: Bei Mittelgebirgen geht man von 200 und 500 Metern aus, während beim Hügelland nur etwa 50 Meter angenommen werden. Aber keine Regel ohne Ausnahme: Das Riesengebirge zwischen Polen und Tschechien reicht mehrfach über 1500 Meter Gipfelhöhe, weist eine typische Hochgebirgsvegetation auf und gleicht in seinen Oberflächenformen doch den flachwelligen Mittelgebirgen. Auch am Brocken, mit 1141 Metern die höchste Erhebung im → *Harz*, gibt es Hochgebirgspflanzen, und → *Schwarzwald* und → *Bayerischer Wald* waren sogar einmal eigenständig vergletschert.

Entstehung und Struktur

Die europäischen Mittelgebirge sind meist uralte Rumpfgebirge. Diese schon in grauer Vorzeit stark erodierten Reste von Gebirgen, die einmal bis zu mehrere Tausend Meter hoch waren, lassen sich in den tieferen Regionen der Erdkruste auf jeder Kontinentalplatte feststellen. Dazu zählen auch → *Erzgebirge*, Fichtelgebirge, → *Böhmerwald*, Rheinisches Schiefergebirge, die → *Vogesen* oder der Ural. Ihre Gebirgsbildung vollzog sich im mittleren Erdaltertum (Paläozoikum) vor etwa 350 bis 250 Millionen Jahren und wird variszische Orogenese (= Gebirgsbildung) genannt. Die damals entstandenen Hochgebirge wurden schnell abgetragen und im Verlauf unterschiedlicher Hebungs- und Senkungsphasen von Sedimentschichten überlagert, von Buntsandstein, Keuper, Muschelkalk, Kalk und Kreide. Es folgten im Erdmittelalter (Mesozoikum) mit der Alpenauffaltung, der alpidischen Orogenese, bruchtektonische Phasen, wobei das harte, nicht auffaltbare Gestein der Rumpfgebirge schollenartig zersprang und große Bruchsysteme bildete, die teilweise angehoben wurden (Harz, Oberpfälzer Wald), sich grabenbruchartig absenkten (Oberrheingraben) oder sich übereinanderschoben (Erzgebirge). Hinzu kamen vulkanische Ereignisse, z. B. am Kaiserstuhl (→ *Wein(berg)wandern*), in der → *Rhön* oder am Vogelsberg. Diese geologischen Phasen haben die Gestalt der deutschen Mittelgebirge maßgeblich beeinflusst.

Mehr als die Hälfte davon zählt zur sogenannten Mitteleuropäischen Mittelgebirgsschwelle, die von den belgisch-französischen Ardennen über die nördlichen deutschen Mittelgebirge bis zu den Westkarpaten in der Slowakei reicht. Südlich der Schwelle schließt sich das Süddeutsche Schichtstufenland an, das neben dem Schwarzwald auch den Odenwald, die → *Schwäbische Alb* und die Fränkische Alb umfasst. Linksrheinisch wird die Pfalz neben den Vogesen dem Nordfranzösischen Schichtstufenland zugerechnet, das bis Paris reicht.

Ein starkes Stück Deutschland

Mit ihrem Höhenrelief zwischen 300 und 1500 Metern, dem dichten weitläufigen Waldbestand sowie den langen Tälern und Flüssen zählen die

Mittelgebirge zu den charakteristischsten deutschen Landschaften. Dies galt schon vor langer Zeit, als Deutschland noch Germanien war und die Römer in ein Land voller Wald vorstießen, was man in Tacitus' »Germania« nachlesen kann.

Auch die Schlacht im Teutoburger Wald als geschichtsträchtiges Aufeinandertreffen beider Kulturen fand im waldreichen deutschen Mittelgebirge statt. Viele historische Zeugnisse und Schauplätze liegen in den Mittelgebirgen. Sie sind mit einer bunten Vielfalt von Geschichten, Sagen, Mythen und Märchen verknüpft, die in Burgen und Schlössern, romantischen Städtchen und kleinen Dörfern spielen und viel zum etwas verklärten Deutschlandbild ausländischer Besucher beitragen. Auch der Naturreichtum der Mittelgebirge spielt eine bedeutende Rolle. Hier liegen die meisten deutschen Naturparks, Geoparks und Biosphärengebiete, die Kulturlandschaften in ihrem Bestand schützen, aber auch als Freizeitreviere genutzt werden. Denn im Umfeld der urbanen Zentren sind die Mittelgebirge wichtige regionale Erholungsräume, die sich ausgezeichnet für Outdoor-Aktivitäten eignen, besonders fürs → *Wandern* und Radfahren/Mountainbiken oder für den Wintersport. So wundert es auch nicht, dass die meisten deutschen → *Prädikatswanderwege* in den Mittelgebirgen liegen. Eine Auswahl wichtiger deutscher Mittelgebirge: Bayerischer Wald, Eifel, Erzgebirge, Fichtelgebirge, Frankenwald, Hunsrück, Kyffhäuser, Odenwald, Oberpfälzer Wald, Rheinisches Schiefergebirge, Rhön, Rothaargebirge, Sauerland, Schwäbische Alb, Schwarzwald, Siebengebirge, Solling, Spessart, Teutoburger Wald, → *Thüringer Wald*, Vogelsberg, Westerwald und Zittauer Gebirge (s. auch → *Deutschland*).

Moderne Bergsportarten 57

Oder : Was man am Berg so alles
machen kann …

Die Berge sind groß – fast so groß wie die menschliche Fantasie, wenn es darum geht, die sportliche Begegnung mit ihnen abwechslungsreich und vielleicht auch etwas nervenkitzliger zu gestalten. Auch unbedarfte Wanderer oder Bergsteigerinnen begegnen unter Umständen Kollegen, die das Ein-bisschen-Andere suchen. Wobei die (oft englisch) klingenden Namen manchmal nur traditionelle Beschäftigungen aufhübschen.

TRAILRUNNING Anglizismus für den klassischen Berglauf, der schon seit jeher zum Trainingsprogramm ambitionierter Alpinisten gehörte. Dem Namen verdankt man immerhin weiterentwickelte Laufschuhe, die mit stabilen Sohlenkonstruktionen oder gar Spikes geländetauglicher wurden.

SPEEDHIKING »Trailrunning light« sozusagen oder »Wandern etwas flotter« – wenn zum Laufen die Kondition fehlt oder die Strecke zu weit ist, kann man in forciertem Tempo wandern, was auch die Gelenke etwas weniger belastet (Hektik Walking).

SPEEDBERGSTEIGEN Relativ weit gefasster Oberbegriff für jeden Versuch, beim Bergsteigen oder Klettern eine möglichst gute Zeit zu erreichen – rein quantitativ betrachtet. Das kann man (free) solo oder in Seilschaft machen, wobei sich dafür unterschiedliche Taktiken anbieten, um trotz Eile noch einigermaßen sichern zu können.

GEOCACHING S. auch → *Geocaching*. Gibt es in den Bergen genauso wie in Städten und auf dem Land – die moderne Form der Schnitzeljagd. Jemand versteckt einen symbolischen »Schatz« irgendwo und platziert im Internet und/oder im Gelände einen Hinweis (oder mehrere), den / die Mitspieler nutzen können, um mit GPS-Hilfe den Schatz zu finden und vielleicht gegen etwas Eigenes auszutauschen.

MOUNTAINBIKING S. auch → *Mountainbiken*. Der Anglizismus beschert den Sportlern technologische Fortschritte, der Wirtschaft Wachstum und dem Gebirge viele neue Besucher, die früher einfach in die Berge geradelt wären (oder eben nicht) – spätestens seit es dafür einen E-Motor gibt.

STEILEIS- UND MIXEDKLETTERN Moderne Eisgeräte machen es möglich, senkrechte gefrorene Wasserfälle oder sogar überhängende Eisstrukturen hinaufzuklettern; zur Sicherung verwendet man Eisschrauben, die sich von Hand ins Eis drehen lassen. Mit leicht modifizierten Geräten überwindet man heute auch stark überhängende Felswände, um am Ende frei hängende Eiszapfen hinaufzuklettern. »Drytoolen« heißt die Extremform des Mixedkletterns, die zur Not auch ganz ohne Eis auskommt.

BOULDERN Jedes gesunde Kind, das einen Felsbrocken in der Wiese liegen sieht, muss hinaufkraxeln – das ist der Grund für die explodierende

Beliebtheit des Kletterns in Absprunghöhe, das kreative Bewegungsfreude ohne große Gefahr ermöglicht. In Hallen mit Weichbodenmatten derzeit angesagte Alternative zum Fitnessstudio, im Freien mit selbst zu tragenden, kleineren und weniger dicken Crashpads (Bouldermatten) schon etwas spannender. Jedenfalls ein geselliges Sportvergnügen – und wie schon vor 100 Jahren in den Sandsteinblöcken von Fontainebleau (Paris) ein effizientes Training.

DWS »Deep Water Solo« ist Bouldern – über dem Wasser. Deshalb gelten durchaus auch 20 Meter noch als Absprunghöhe. Wenn die Wand ausreichend überhängt, unter dem Wasserspiegel genauso steil weitergeht und Wellengang die Oberfläche auflockert, muss man nur noch den Absprung so hinkriegen, dass man senkrecht (und mit geschlossenen Beinen) eintaucht …

SLACKLINEN Seit einigen Jahren und immer noch angesagter Ausgleichssport und Selbstzweck, der vor allem Jugendliche freut. Die »Line« aus breitem Bandmaterial wird im Stadtpark zwischen Bäumen oder im Gebirge zwischen Felsen gespannt und lädt je nach Können zum Balancieren oder zu artistischen Tricks ein. »Highlines« über Absprunghöhe begeht man normalerweise mit Sicherung; die Höchste der Alpen spannte Stefan Siegrist (SUI) auf ca. 4600 Metern Höhe am Monte Rosa.

CANYONING Ein hauptsächlich kommerziell angebotener Sport, da viel Infrastruktur, Technik und Informationen nötig sind: Man folgt dem Lauf des Wassers durch Schluchten und Klammen (Canyons), Steilstufen werden dabei durch Springen, Rutschen oder Abseilen überwunden. Dafür sind in viel begangenen Schluchten oft Abseilstände vorhanden.

FREERIDEN Früher hieß das »Variantenfahren« und noch früher »abseits der Piste« – und genau das ist es: neben der Piste oder mit kurzen Aufstiegen die schönsten Pulverhänge (»runs«) suchen und runterpowdern. Gern auch mit dem Snowboard; seit Erfindung breiterer Carver sind aber wieder die Skier im Aufwind.

58 Mountainbiken

Oder : Zweirad-Ritter versus Fußvolk?

Mit dem Rad in die Berge fahren ist umweltfreundlich, sportlich, erlebnisreich – und hat eine lange Tradition. Schon »Bergvagabunden« wie der Erstbegeher der Eiger-Nordwand Anderl Heckmair oder der Bergfilmer Hans Ertl sind mit ihren Drahteseln in die Alpen aufgebrochen. Damals war es schlicht das günstigste Verkehrsmittel, um zum Ausgangpunkt der geplanten Touren zu gelangen.

Heute ist das »Bergradfahren« vulgo Mountainbiken längst eine eigene Disziplin, die sich fast überall ausüben lässt und in viele Spielarten ausdifferenziert ist. Mit Bike & Hike kann man lange Talanstiege und -abfahrten verkürzen und Gipfel in einer Tagestour erreichen, für die man sonst zwei Tage bräuchte. Cross-Country-Fahrer radeln durch kupiertes Gelände, Tourenfahrer drehen ausgedehnte Runden, und Bike-Bergsteiger tragen ihr Rad auf hohe Berge und zu oft schwierigen Abfahrten. Freerider und Downhiller nutzen für die schweren Spezialbikes gern →*Aufstiegshilfen* und treiben ihren Sport oft in Bikeparks, während Free- und Slopestyler luftige Aktionen lieben. Dank des E-Bike-Booms erfahren einige Disziplinen zusätzlichen Auftrieb. Allen gemeinsam ist die Leidenschaft für das Outdoor-Erlebnis auf zwei Rädern, alle suchen sportliche Bewegung, Naturerlebnis, Gemeinschaft, Erholung und Ausgleich zum Alltag.

Tolerantes Miteinander am Berg

Oft sind Biker auch dort unterwegs, wo Fußgänger wandern. Das Verhältnis beider Bergsportler-Populationen hat sich in den letzten Jahren deutlich verbessert. Ein tolerantes Miteinander von Radlern und Wanderern sollte auch kein Problem sein, wenn man die Empfehlungen für sicheres, naturverträgliches und konfliktfreies Mountainbiken berücksichtigt, die die im CAA (→*Alpenvereine*) zusammengeschlossenen Alpenvereine 2013 herausgebracht haben. Sie geben Tipps zur Sportausübung, zu Planung, Technik, Ausrüstung und Schutzmaßnahmen und empfehlen Folgendes zur Konfliktvermeidung:

- Nur geeignete Wege und Straßen befahren – keine Querfeldeinfahrten, um Erosionsschäden zu vermeiden
- Lokale Sperrungen und Regelungen respektieren, um Konflikten mit Grundeigentümern, Wegehaltern und anderen Naturnutzern vorzubeugen
- Auf Fußgänger, die Vorrang haben, Rücksicht nehmen, das Tempo reduzieren, das Annähern ankündigen und nötigenfalls anhalten
- In kleinen Bike-Gruppen fahren und von Wanderern stark frequentierte Wege meiden
- Die Geschwindigkeit der jeweiligen Situation anpassen, um jederzeit bremsen zu können
- Keine Spuren hinterlassen und kontrolliert mit nicht blockierenden Rädern bremsen, um Erosion und Wegeschäden zu vermeiden
- Abfall mitnehmen und Lärm vermeiden
- Rücksicht auf Tiere nehmen, bei Tageslicht und nicht während der Dämmerungsphase fahren, sich Tieren im Schritttempo nähern und nach der Durchfahrt Weidezäune schließen

Nationalparks

Oder ⋮ Hier darf die Natur sie selbst sein

59

Nach den internationalen Kategorien der International Union for Conservation of Nature (IUCN) sind Nationalparks (NP) Schutzgebiete der Kategorie II, die zur Sicherung großflächiger, natürlicher und naturnaher Gebiete und großräumiger ökologischer Prozesse eingerichtet werden. Dieses »Prozessschutz« genannte Ziel soll auf 75 Prozent der Nationalparkfläche die ökologische Unversehrtheit von → *Ökosystemen* sichern und zusätzlich Naturerfahrungs-, Forschungs-, Bildungs- und Erholungsangebote fördern.

Natur Natur sein lassen

»Natur Natur sein lassen«, heißt das Motto im Nationalpark, was bedeutet, dass der Mensch sich zurückzieht und die Natur weitestgehend sich selbst überlässt. Bäume können im Gegensatz zum Nutzwald in einem Nationalpark ihren vollständigen Lebenszyklus durchlaufen und nach Jahrhunderten als Totholz zum seltenen Lebensraum für viele hoch spezialisierte Tiere und Pflanzen werden.

Der → *Naturschutz* hat im Nationalpark erste Priorität, auf bis zu 25 Prozent der Fläche sind jedoch Ausnahmen zugelassen. So wird z. B. in den Alpen-Nationalparks die → *Almwirtschaft* weiter betrieben, und auch kompensierende Managementmaßnahmen nach dem Prinzip »So naturnah wie möglich« sind notwendig. Menschen sollen sich in Nationalparks erholen und bilden können, auf Wanderungen spüren und erleben, »wie die Natur wirklich ist«. Die notwendige Wege-Infrastruktur dafür gibt es, aber keine Liftanlagen und Hotelbauten. Und die Besucher werden über Leitsysteme gelenkt, um sensible Naturbereiche zu schützen.

Deutsche Nationalparks

In → *Deutschland* gibt es 16 Nationalparks: Bayerischer Wald, Berchtesgaden, Eifel, Hainich, Hamburgisches Wattenmeer, Harz, Jasmund, Kellerwald-Edersee, Müritz, Niedersächsisches Wattenmeer, Sächsische Schweiz, Schleswig-Holsteinisches Wattenmeer, Schwarzwald, Unteres Odertal, Vorpommersche Boddenlandschaft. Ohne Nord- und Ostseeflächen umfassen sie etwa 2044 Quadratkilometer und 0,57 Prozent der deutschen Landfläche, was vergleichsweise wenig ist.

Als jüngster deutscher Nationalpark wurde im Januar 2014 der Nationalpark Schwarzwald gegründet. Mit einer Größe von 10 062 Hektar liegt er im nördlichen → *Schwarzwald* entlang der Schwarzwaldhochstraße auf den Höhen zwischen Plättig und Alexanderschanze. Weitere Nationalparks sind in Planung, wegen wirtschaftlicher Interessen bzw. des Widerstands von Teilen der örtlichen Bevölkerung aber häufig umstritten.

Vom einzigen deutschen Alpen-Nationalpark Berchtesgaden (→ *Watzmann*) über die Mittelgebirgs-Nationalparks bis zu den Nationalparks an Ost- und Nordsee sind die deutschen Schutzgebiete prädestinierte Wandergebiete, die sanfte Aktivität und Erholung mit Einblicken in die komplexen Prozesse der Natur auf ideale Art verbinden.

In Tschechien grenzt der Nationalpark Böhmerwald/Národní park Šumava an den → *Bayerischen Wald* und den → *Böhmerwald* an, der Nationalpark Böhmische Schweiz/Národní park České Švýcarsko umfasst den rechts der Elbe liegenden Teil des tschechischen → *Elbsandsteingebirges*, und das Riesengebirge an der Grenze zwischen Tschechien und Polen steht als Nationalpark Riesengebirge/Krkonošský národní park unter Schutz. Das höchste Gebirge Tschechiens und Schlesiens mit eiszeitlichen Gletscherkaren, Bergseen und steilen Felsflanken erreicht in der 1602 Meter hohen Schneekoppe ihren höchsten Punkt – und ist Heimat des Berggeists Rübezahl.

Von Österreichs sieben Nationalparks liegen drei in den Alpen. 1981 eingerichtet, erstreckt sich der Nationalpark Hohe Tauern auf 1800 Quadratkilometern Fläche bundeslandübergreifend (Salzburger Land, Tirol, Kärnten) über die zentralalpinen Hohen Tauern und umfasst neben ausgedehnten Nadelwäldern, alpine Gras- und Strauchheiden, von der Eiszeit geformten Tälern und weiten Gletscherflächen auch den Großglockner, mit 3798 Metern höchster Berg Österreichs. Das Sengsen- und Reichraminger Hintergebirge bilden seit 1997 den Nationalpark Kalkalpen in den Oberösterreichischen Voralpen. Hier dominieren dichte Wälder, die sich erstaunlich schnell zur vor Leben strotzenden Waldwildnis (→ *Wald*) entwickeln. Im 2002 eingerichteten Nationalpark Gesäuse in der Steiermark stehen die steilen Gesäuseberge mit ihren markanten Felsen und die tief eingeschnittene Ennsschlucht unter Schutz.

Der Schweizerische Nationalpark im Kanton Graubünden wurde schon 1914 eingerichtet. Im ältesten Nationalpark der → *Alpen* haben sich die Tiere dank eines strengen Wegegebots an Menschen gewöhnt, sodass Beobachtungen auf relativ kurze Distanz möglich sind.

Naturfreunde

60

Oder ⫶ Wo das Wander-Herz links schlägt

Im Gegensatz zu den überwiegend bürgerlich geprägten → *Alpenvereinen* liegen die Wurzeln der Naturfreunde in der Arbeiterbewegung des ausgehenden 19. Jahrhunderts. 1895 in Wien von österreichischen Sozialisten ins Leben gerufen und 1905 als internationale Bewegung gegründet, umfasst der Dachverband der Naturfreunde Internationale (NFI) heute rund 50 Mitgliedsorganisationen mit etwa 500 000 Mitgliedern in 48 Ländern. Die Naturfreunde-Bewegung versteht sich als Umwelt-, Kultur-, Freizeit- und Touristikorganisation, die sich für Umweltschutz, sanften Tourismus, Sport und Kultur engagiert und sich den Werten des demokratischen Sozialismus und der Nachhaltigkeit verpflichtet fühlt. Seit ihrer Gründung setzen sich die Naturfreunde für gerechte Arbeits- und Lebensbedingungen und gegen die Ausbeutung von Mensch und Natur ein. Früh erkannten die Naturfreunde die Bedrohungen der modernen Gesellschaft für das Ökosystem Erde und formulierten 1972 Leitsätze zum Umweltschutz mit der Forderung, »alle ökonomischen Maßnahmen ökologischen Notwendigkeiten unterzuordnen …«

Das Logo der Naturfreunde symbolisiert einen Handschlag mit drei → *Alpenrosen*, ihr Gruß lautet »Berg frei« – im Unterschied zum »Berg Heil« der Alpenvereine (→ *Grüßen*).

Sozial, kulturell und ökologisch

Bekannt sind die Naturfreunde auch durch ihr europaweites Netz von knapp 1000 Naturfreundehäusern, preisgünstigen und naturnah gelegenen Gast- und Übernachtungsstätten. Fast 400 dieser Häuser bewirtschaften die NaturFreunde Deutschland (NFD),

deren etwa 66 000 Mitglieder sich in 550 Ortsgruppen ehrenamtlich für eine möglichst nachhaltige Entwicklung der Gesellschaft einsetzen. Im Angebot sind Seminare, sozial, kulturell und ökologisch verantwortliche Reisen und Bergsport-Ausbildungen, vom Wandern und Bergsteigen über das Klettern bis zum Skifahren und Wildwassersport.

Bei allen Outdoor-Aktivitäten legen die Naturfreunde Wert auf ein gemeinschaftliches Naturerlebnis, das ökologische Verantwortung, Sportpraxis und sozialen Austausch verknüpft. Die Arbeit der Naturfreundejugend genießt besondere Aufmerksamkeit mit unterschiedlichen Schwerpunkten in den deutschen Landesverbänden.

NATURFREUNDE

Naturschutz

61

Oder : Warum wir erhalten sollten,
: was uns erhält

Die Natur braucht den Menschen nicht, aber der Mensch die Natur. Das geht aus dem bekannten Witz hervor, bei dem sich zwei Planeten treffen und der eine auf die Frage: »Wie geht's?« antwortet: »Schlecht, ich hab Homo sapiens« – worauf der andere ihn tröstet: »Macht nix, das geht von selbst vorbei.« Jean-Jacques Rousseaus Aufruf »Zurück zur Natur« fasst die Naturbegeisterung der Romantiker um 1800 in einen plakativen Slogan; damals hatten die industriell-zivilisierten Europäer es geschafft, die bedrohliche Natur zu zähmen, und konnten sich nun wieder auf ihre Schönheit besinnen. Seither ist der Naturschutz Spiegelbild und Gegenimpuls zu Erschließung und Domestikation der Wildnis, dem falsch verstandenen »Macht euch die Erde untertan«, das im Originalsinn sorgsame Pflege des Anvertrauten fordert.

Erholung in der Wildnis

Gedankliche Väter der Naturschutzbewegung sind die Amerikaner Henry David Thoreau (mit seinem Buch »Walden«) und John Muir, der die Ausweisung des Yosemite Nationalparks anregte und den Sierra Club gründete, bis heute eine der größten und einflussreichsten Umweltorganisationen Nordamerikas. Dabei ging es vor allem um den Erhalt der wilden, unberührten Natur als Selbstzweck in »ungezähmter und natürlicher Schönheit« (George Catlin, 1832), aber auch um spirituelle Erbauung. Ähnliche Motive bewegten auch einige Sektionen des Deutschen Alpenvereins in den 1920er-Jahren, in den → *Ammergauer Alpen* ein Naturschutzgebiet anzuregen, um die »Wildnis« zu erhalten.
Diese Intentionen enthalten schon zwei wesentliche Perspektiven des Naturschutzes: den Erholungscharakter der Natur als Nutzen für den Menschen, der sich auch im heutigen deutschen Naturschutzrecht spiegelt, das die »Erholungsfunktion« als ein Ziel definiert, und den Erhalt von »Wildnis«, von »unverfügter Natur« – was immer das auch heißen mag. In Europa und den Alpen gibt es praktisch keine Flächen, die von menschlichen Wirkungen unbeeinflusst sind, ob von direkten (Nutzung, Erschließung) oder von indirekten (Abgase, Klimawandel). So gesehen ist »Natur« immer

ein Prozess und Naturschutz die Festschreibung eines zufällig aktuellen Status quo oder Hinarbeiten auf einen willkürlich festgelegten Zielzustand.

Biotopschutz und Klimaschutz

Einen weiteren Aspekt erhielt der Naturschutz in den 1920er-Jahren, als im → *Allgäu* die Bergwacht gegründet wurde, um die Edelweiß-Bestände zu schützen. Das Ziel des Erhalts bedrohter Tier- und Pflanzenarten wurde im Lauf der Jahre ausgeweitet auf einen Biotopschutz: Heute geht es darum, nicht die einzelnen Pflanzen und Tiere zu schützen, sondern ihre Lebensräume funktionsfähig und ausreichend weiträumig zu erhalten. »Trittsteine« sollen auch eine Ausbreitung der Arten in andere Regionen ermöglichen; das ist für Pflanzen und Bäume (Schutzwald) schwieriger als für Tiere, die wie etwa die Steinböcke ausgesiedelt werden können. In den letzten Jahren wurde der Klimaschutz ein wichtiges Ziel des Naturschutzes: den → *Klimawandel* zu begrenzen, der nicht nur Tiere und Pflanzen bedroht, sondern die ganze Menschheit.

Kaum zu glauben

Ein gut funktionierendes Raumordnungskonzept gibt es seit 1974 in Bayern: Der Alpenplan teilt die Bayerischen Alpen auf nach den drei Nutzungsarten Erschließungszone (35 %), Pufferzone (23 %) und Ruhezone (42 %). 2018 änderte die bayerische Staatsregierung die Schutzzonen willkürlich zugunsten eines Liftprojekts, nahm das aber nach heftigen Protesten wieder zurück.

So kann man im Naturschutz mehrere große Perspektiven unterscheiden: Wildnisschutz, Arten- und Biotopschutz, Klimaschutz – und menschliche Schutzwünsche wie Erholung, geschichtlich Bedeutsames oder schlicht die Freude an der schönen Landschaft. Es liegt auf der Hand, dass diese Ziele oft kollidieren, etwa, wenn für den Klimaschutz regenerative Energien ausgebaut werden sollen, die Raum benötigen und mit Installationen wie Windrädern oder Pumpspeicherbecken die Ästhetik und Erholungswirkung beeinträchtigen.

Organisationen für die Raumordnung

Deshalb geht es im Naturschutz immer um Fragen der Raumordnung: Wie können auf begrenzten Flächen die Bedürfnisse von Natur, Kultur und Wirtschaft ausgesöhnt und in sinnvollem Maß befriedigt werden? An diesen Diskussionen beteiligt sind neben wirtschaftlichen Mitspielern politische Institutionen (regionale und Bundes-Umweltbehörden) und halbstaatliche oder bürgerschaftliche Interessenvertretungen wie BUND oder NABU mit zusammen rund 1,2 Millionen Mitgliedern; die internationale Organisation Mountain Wilderness kümmert sich um Naturschutz in den Alpen. Auch der → *DAV* ist als Naturschutzverband anerkannt und muss intern selbst den Spagat austragen zwischen Naturschutz und sportlicher Naturnutzung. Als Lobby-Organisation bemüht sich das Kuratorium Sport und Natur um diesen Ausgleich. Die Internationale Alpenschutzkommission CIPRA bündelt über 100 Organisationen aus dem Alpenraum mit dem Hauptziel, die Alpenkonvention umzusetzen. Dieser völkerrechtliche Vertrag der acht Alpenstaaten und der EU soll die → *Alpen* schützen und eine nachhaltige Entwicklung sicherstellen – ein langwieriges Geschäft. Alpenweit zählt die Organisation Alparc weit über 1000 großflächige Schutzgebiete, die etwa 25 Prozent der Alpenfläche abdecken, darunter 14 Nationalparks, 10 Biosphärenreservate und vier UNESCO-Weltnaturerbe.

Nomadentum und Walz

62

Oder : Wandern als Lebensform

Der »größte Bergsteiger aller Zeiten«, Reinhold → *Messner*, bezeichnete sich einmal als »Halbnomade«, also als »Zerrissenen zwischen dem Weggehen und dem Heimkommen«. Viele werden dieses Hin- und Hergerissensein aus eigener Erfahrung kennen, aus der Arbeitswelt oder aus dem Privaten: Bleibt man am Wochenende oder im Urlaub zu Hause, sehnt man sich danach, draußen unterwegs zu sein; ist man draußen unterwegs, freut man sich auf zu Hause.

Modernes Nomadentum

Eine traditionell nicht sesshafte Lebensweise führen die Hirtenvölker von der Sahara über Arabien bis ins zentrale Ostasien seit Jahrtausenden. Sie wandern als Voll- oder Halbnomaden mit ihren Viehherden von Weidefläche zu Weidefläche (altgr. nomás = weidend, herumschweifend). In unserer globalisierten Welt etabliert sich ein modernes Nomadentum:

Arbeitnehmer ziehen von Ort zu Ort und folgen den Jobangeboten oder Karrieremöglichkeiten, was Optionen für ein unabhängiges Leben bietet. Wird die allgegenwärtige Mobilität jedoch zum Zwang, belastet sie die Arbeitsnomaden, wie der Soziologe Hartmut Rosa in seinem Buch »Beschleunigung« zeigt. Wer häufig den Aufenthalt wechselt, verliert demnach seine Verbundenheit mit dem gewohnten Ort und damit auch einen Teil seiner Identität. Immer wieder von vorne anzufangen bedeutet eine »ständige Veränderung ohne wirkliche Entwicklung«, einen »rasenden Stillstand«, dem man einen stabilen Anker entgegensetzen sollte. Das kann ein Ort sein, an den man immer wieder zurückkehrt, eine Person oder eine gewohnte Tätigkeit, z. B. Sport. Warum nicht → *Wandern*?

Traditionelles Nomadentum

Gehen Handwerksgesellen berufsbedingt auf Wanderschaft, folgen sie einer alten Tradition, um neue Arbeitspraktiken und fremde Regionen kennenzulernen und Lebenserfahrung zu sammeln. Ab den 1980er-Jahren lebte die Tradition der Wanderjahre wieder auf. Einige neu gegründete »Schächte« (= Handwerkervereinigungen) wichen von dem Regelwerk alter Traditionsschächte ab und nahmen z. B. auch Frauen auf.

Wer sich für die Walz entscheidet, bricht als »Fremdgeschriebener« je nach Schachtzugehörigkeit für mindestens zwei bis drei Jahre plus einen Tag auf. Man muss die Gesellenprüfung bestanden haben, ledig, kinderlos und schuldenfrei sein und Regeln befolgen: So darf während der Reisezeit ein Bannkreis von meist 50 Kilometern um den Heimatort nicht betreten werden, und die Fortbewegung darf nur zu Fuß oder per Anhalter erfolgen – selbst öffentliche Verkehrsmittel sind verpönt. In der Öffentlichkeit muss immer die »Kluft« getragen werden mit schwarzer Kopfbedeckung (Hut mit breiter Krempe, Zylinder oder Dreispitz), weiten Schlaghosen, Weste und Jackett. Wenig bekannt ist, dass neben Zimmerleuten auch andere Handwerksgesellen wie Maurer, Bootsbauer, Töpfer, Spengler, Schneider, Goldschmiede, Instrumentenbauer und andere in der Kluft stecken.

Da ein »Fremder« etwa bei der Suche nach Arbeit oder einem Schlafplatz die Unterstützung der Sesshaften braucht, muss er sich immer ehrbar und »zünftig« zeigen. Verhält er sich unehrenhaft, könnte ihm der traditionelle Ohrring aus dem Ohr gerissen und er zum »Schlitzohr« werden, das seine Kluft »an den Nagel hängen« müsste.

Nach den Wanderjahren wird die »Einheimischmeldung« oft gefeiert, wozu viele Reisekameraden von weither anreisen. 2010 zählte man in Deutschland etwas mehr als 450 »Fremdgeschriebene«, weltweit geht man von etwa 10 000 aus.

Notfall
Oder ⋮ Was zu tun ist, wenn …

63

Notfälle treten überraschend und unerwartet ein und schaffen im Nu eine stressige Ausnahmesituation, die man nur meistert, wenn man sich richtig zu verhalten weiß. Die dafür notwendige Notfallausrüstung gehört, je nach Tour angepasst, immer in den →*Rucksack*.

Notfallausrüstung

Beim Wandern oder für Wochenendtouren umfasst sie Handy, Rettungsdecke, eventuell einen leichten Biwaksack, Messer/Vielzweckwerkzeug mit Schere, Pinzette, Schreibzeug, Feuerzeug und Erste-Hilfe Set/Rucksackapotheke mit zumindest Pflaster/ Tape, elastischer Binde, sterilen Verbandpäckchen, sterilen Mullkompressen, Dreieckstuch, Schmerzmittel, Einmalhandschuhen und gegebenenfalls persönlichen Medikamenten. Bei längeren Touren – womöglich ohne Handyempfang – gehören auch Signalgeber wie Trillerpfeife, Leuchtraketen, starke Taschenlampen oder Spiegel ins Gepäck, um im Ernstfall Hilfe anfordern zu können.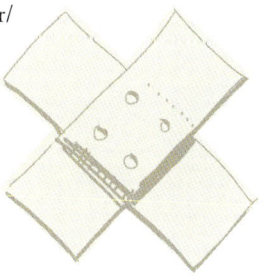

Die Notfallausrüstung sollte sicher verpackt, schnell und gut im Rucksack erreichbar sein – die typische rote Verpackungsfarbe mit dem weißen Kreuz hilft in der Aufregung.

Wichtig ist es, Ruhe zu bewahren und die Situation zu überblicken, bevor man mit Erste-Hilfe-Maßnahmen beginnt. Ist man in der Nähe einer Ortschaft oder Hütte, kann man dort Hilfe holen. Befindet man sich in unwegsamem Gelände und benötigt professionelle Hilfe, setzt man per Handy unter 112 einen Notruf ab (➜ *Erste Hilfe*).

Ohne Netzempfang heißt es, mit dem international gültigen Alpinen Notsignal Hilfe anfordern: Dazu gibt man per Licht, Schall oder Rauch sechs Signale pro Minute – alle zwölf Sekunden ein Signal – ab, macht eine Minute Pause, sendet erneut sechs Signale etc., und das möglichst so lange, bis eine Empfangsbestätigung mit drei Signalen pro Minute vermittelt, dass der Notruf verstanden wurde und Hilfe unterwegs ist.

Der Bergrettungsdienst in den deutschen Mittelgebirgen und Alpen ist Aufgabe der Bergwacht, die zum Deutschen Roten Kreuz gehört. Sie ist in elf DRK-Landesverbänden tätig, wobei die Bergwacht Schwarzwald als selbstständiger Verband kooperatives Mitglied des DRK Landesverbands Badisches Rotes Kreuz ist. Die 4200 ehrenamtlichen Einsatzkräfte der Bergwacht Bayern leisten heute jährlich etwa 12 000 Einsätze.

64 Ökosysteme

Oder : Mutter Natur und ihre »Häuser«

Der aus der ökologischen Wissenschaft stammende Fachbegriff ist zwar in aller Munde, lässt sich aber nicht so ganz einfach definieren. Geht man von der Wortbedeutung aus, handelt es sich bei einem Ökosystem um ein Haus (altgriechisch »oikos«), das in einer gewissen Art zusammengestellt oder verbunden ist (»systema«). Mindestens zwei Arten von sich beeinflussenden Lebewesen (z. B. Tiere, Pflanzen), die sogenannte Biozönose, bilden dieses Haus gemeinsam mit dem jeweiligen Lebensraum (Biotop), wobei beide Komponenten durch Wechselwirkungen miteinander verbunden sind. Das größte bekannte »Haus« ist das Ökosystem Erde mit seiner riesigen Zahl von Arten im größtmöglichen Lebensraum.

Funktionierende Ökosysteme nicht aus dem Takt bringen

Naturwissenschaftlich betrachtet sind Ökosysteme wertfrei zu beurteilen: Geht ein hoch entwickeltes Ökosystem verloren, weil es zerstört wird, so ist das, was bleibt, aus wissenschaftlich-beobachtender Sicht erst einmal auch ein Ökosystem – solange denn noch mindestens eine Lebensform vorhanden ist. Im Alltag und in der Politik hingegen schwingt häufig ein Schutzaspekt mit, der besonders spezielle Ökosysteme positiv sieht, weil man sie als nützlich oder wertvoll erachtet.

Der vom Menschen zugeschriebene Nutzen oder Wert eines Ökosystems kann sich zunächst auf seine Funktion und seine »Dienstleistungen« beziehen. Das Ökosystem → *Wald* z. B. speichert Kohlenstoff und verringert damit den Treibhauseffekt (s. → *Klimawandel*) oder dient als Bergwald dem Lawinenschutz. Diese Funktionen könnten auch ersetzt werden – CO_2 könnte ins Erdinnere gepresst werden, den Lawinenschutz könnten Verbauungen übernehmen. Doch bringen vom Menschen kreierte technische Ersatzmaßnahmen bei begrenzter Wirkung – und meist nicht absehbaren Folgeschäden – oft sehr hohe Kosten mit sich. Funktionierende Ökosysteme sollten deshalb schon aus wirtschaftlicher Sicht nicht aus dem Takt gebracht werden

Biodiversität der Natur erhalten

Jenseits der funktionalen Ebene wollen Menschen und Organisationen, die sich für den → *Naturschutz* engagieren, Ökosysteme und ihre Artenvielfalt erhalten, weil sie in der Vielgestaltigkeit, der Biodiversität der Natur, einen eigenständigen Wert erkennen – unabhängig davon, wie oder ob sich dieser Wert auch monetär beziffern lässt.

Bildhaft lässt sich dieser »imaginäre« Wert vielleicht so beschreiben: Die »Häuser« der Ökosysteme sind zusammengesetzt wie überdimensionale Puzzles, die alle Arten inklusive des Menschen gemeinsam bilden. Verschwinden Arten, verschwinden diese Puzzleteile, und niemand weiß, ob und wie bedeutend sie letztendlich waren. Die »Häuser« werden auf jeden Fall löchriger und verlieren an Funktion, Schönheit und Charakter. Und wer möchte schon riskieren, einmal in Ruinen leben zu müssen?

65 Pilgerwege

Oder : Per pedes zur Erleuchtung

Wer auf Pilgerwegen unterwegs ist, befindet sich auf spiritueller Wanderschaft oder einer Wallfahrt, die über Tage oder Wochen zu einem heiligen Ort führt. Der Zielort kann eine Ortschaft sein, aber auch ein Berg, eine Quelle oder ein anderes Heiligtum; auf dem Weg laden festgelegte Stationen zum Innehalten, zum Gebet oder zum Gottesdienst ein. Das kontemplative Wandern auf Pilgerwegen hat in allen großen Religionen Tradition.

Bewusstes entschleunigtes Unterwegssein

Die drei bedeutendsten christlichen Pilgerorte entstanden bis ins Mittelalter an wichtigen Schauplätzen des Christentums und den (vermeintlichen) Gräbern von Aposteln: Jerusalem (Leben und Tod von Jesus), Rom (Gräber der Apostel Petrus und Paulus) und Santiago de Compostela (Grab des Apostels Jakob). Die Wege dorthin entwickelten sich über Jahrhunderte und verlaufen bis heute auf den historischen Strecken.

Seit einigen Jahren gewinnt das bewusste entschleunigte Unterwegssein auf Pilgerwegen wieder stark an Anziehungskraft. Besonders bekannt sind die Jakobswege nach Santiago de Compostela in Nordspanien – Hape Kerkelings 2006 erschienenes Buch »Ich bin dann mal weg. Meine Reise auf dem Jakobsweg« hat zweifellos seinen Anteil an der Renaissance der Jakobswege, deren Markenzeichen »Jakobsmuschel« auf Wegweisern in immer mehr Regionen zu finden ist – nach dem Motto: »Alle Wege führen nach Santiago«.

Ein weiterer wichtiger christlicher Pilgerweg ist die Via Francigena, die von Canterbury in England über Frankreich und die Schweiz nach Rom führt. Beide Hauptwege bilden mit vielen Zuwegen ein Netz alter christlicher Pilgerstrecken, das sich über ganz Europa zieht und immer auch mit Jerusalem verbunden ist.

Weltweites Pilgern

Die bekannteste islamische Pilgerfahrt ist der Haddsch nach Mekka in Saudi-Arabien, dem sich jedes Jahr mehrere Millionen gläubige Muslime unterziehen.

Im tibetischen Buddhismus ist die Kora bekannt, die anstrengende Pilgerrunde um den heiligen Berg Kailash (6638 m) im westlichen tibetischen Hochland. In seinem Einzugsbereich entspringen die vier großen Flüsse Indus, Yarlung Tsangpo, Satluj (fließt in den Indus) und Karnali (fließt in den Ganges); aufgrund seiner religiösen Bedeutung wird der Kailash nicht bestiegen.

Prädikatswanderwege

66

Oder ⋮ Wie Wege ausgezeichnet werden

Wenn die Qualitätsansprüche der modernen Leistungsgesellschaft auf Freizeitaktivitäten wie das Wandern übertragen werden, reicht ein »gewöhnlicher« Wanderweg oft nicht mehr aus, um die Wünsche nach Natur- und Landschaftsgenuss zufriedenzustellen. Denn von den Hunderttausenden Kilometern markierter Wege in Deutschland bietet nur ein Teil die erwartete Qualität. Vor allem im Flachland und in den Mittelgebirgen bedecken oft Schotter oder Asphalt einförmig verlaufende Wege, häufig ist die vermeintlich schöne Aussicht zugewachsen, und immer wieder tangieren Wegstrecken stark befahrene Landstraßen oder Siedlungen.

Qualitätswege mit Wandersiegel

Orientierung und die Möglichkeit, lohnende von weniger lohnenden Wegen zu unterscheiden, geben Prädikatswanderwege, die auf Basis messbarer und überprüfbarer Kriterien ausgezeichnet werden. In Deutschland gibt es zum einen das Gütesiegel Qualitätsweg Wanderbares Deutschland des → *Deutschen Wanderverbandes*, zum anderen das Deutsche Wandersiegel Premiumweg des → *Deutschen Wanderinstituts*. Beide Organisationen zertifizieren Wanderwege, wobei neben Beschaffenheit, Streckenführung und Kennzeichnung der Wege auch Faktoren wie landschaftliche und kulturelle Sehenswürdigkeiten, Abwechslungsreichtum und »Erlebnispotenzial« eine wichtige Rolle spielen. Erreicht ein Wanderweg das erforderliche Qualitätsniveau, wird das Prädikat für eine Dauer von zunächst drei Jahren vergeben, und die Tourismusregion kann damit werben.

QUALITÄTSWEG WANDERBARES DEUTSCHLAND DES DEUTSCHEN WANDERVERBANDS: Das Prädikat »Qualitätsweg« begutachtet Wegabschnitte von vier Kilometern anhand von neun Kern- und 23 Wahlkriterien, die über ein Punktesystem bewertet werden. Unter die Kernkriterien fallen z. B., dass mindestens 35 Prozent der Gesamtstrecke naturbelassen sein müssen, höchstens 20 Prozent der Gesamtstrecke und höchstens 3000 Meter am Stück Verbunddecken, höchstens zehn Prozent der Gesamtstrecke und höchstens 3000 Meter am Stück ein intensiv genutztes Umfeld aufweisen dürfen etc. Die Wahlkriterien gehen detaillierter auf Wegeformat, Wanderleitsystem/Besucherlenkung, Natur/Landschaft, Naturdenkmäler, Kultur und Zivilisation ein.
Inzwischen gibt es in Deutschland über 160 Qualitätswege und über 1500 zertifizierte Unterkünfte mit dem Siegel »Qualitätsgastgeber Wanderbares Deutschland«, der zweiten Marke innerhalb der Wanderverbands-Kampagne »Wanderbares Deutschland«.

DEUTSCHES WANDERSIEGEL PREMIUMWEG DES DEUTSCHEN WANDERINSTITUTS: Das Wanderinstitut begutachtet für sein Prädikat jeden Wegkilometer anhand von 34 Kriterien mit knapp 200 ausgearbeiteten Merkmalen. Zusätzlich werden Wanderer befragt, um die Stärken und Schwächen eines Wegs zu erfassen. Ziel der aufwendigen Inventur ist eine Wanderinfrastruktur mit »Erlebnisgarantie« für den »Verbraucher« und eine bessere Wettbewerbsfähigkeit der Wege-Region im Tourismusmarkt. Dass damit Erfolge zu erzielen sind und die Wertschöpfung steigt, zeigen Studien, die überdurchschnittliche Gästezuwachsraten für »Premiumwanderregionen« feststellen. Inzwischen gibt es in Deutschland mehrere Hundert Premiumwege in den Segmenten »Streckenwanderwege mit mehreren Tagesetappen«, »Rundwanderwege als Halbtages- bis Tagestouren«, »Alpine Premiumwege« und »Winterwanderwege«. Seit 2011 werden Premiumwege auch europaweit zertifiziert.

TOP TRAILS OF GERMANY: Einige Qualitätswege oder Premiumwege sind mittlerweile zum »Top Trail of Germany« aufgestiegen. Hinter diesem Siegel steht der gleichnamige Verein, der für seine Auswahl einen zertifizierten Streckenwanderweg von mindestens 90 Kilometern Länge (kein Rundweg) mit zentralem, professionellem, serviceorientiertem Marketing voraussetzt. Angestrebt wird eine deutschlandweite Abdeckung der besten Fernwanderwege über alle Regionen hinweg, mit einem Limit nach oben.

Ob Qualitätsweg, Premiumweg oder »Top Trail«: Prädikatswanderwege machen Sinn, soweit sie die Wanderqualität im Flachland und Mittelgebirge steigern – und solange sie nicht wie die Pilze aus dem Boden schießen. Im alpinen Raum sind Prädikate für Wege allerdings umstritten. Bergwege und -steige besitzen von vornherein eine hohe Qualität, weil sie in reizvoller, abwechslungsreicher Berglandschaft angelegt sind, die keine »Geschmacksverstärker« braucht. Zusätzliche, vor allem künstliche Wege-Installationen verändern den Charakter von Bergwanderungen und entwerten das authentische Bergerlebnis.

Pyrenäen

67

Oder : Französisch-spanisches Duett

Die Gebirgskette der Pyrenäen trennt auf etwa 430 Kilometern Länge zwischen Atlantik und Mittelmeer die Iberische Halbinsel vom übrigen Europa. Die französisch-spanische Grenze verläuft meist entlang des Gebirgskamms, im östlichen Teil liegt der Zwergstaat Andorra. Rund 200 Gipfel reichen über die 3000-Meter-Marke, die höchsten davon sind noch vergletschert, wobei das Eis stark zurückgeht (→ *Klimawandel*). Im Maladeta-Massiv liegt mit dem Pico de Aneto (3404 m) der höchste Pyrenäengipfel.

Alpiner und mediterraner Charakter

Das Faltengebirge entstand vor etwa 50–100 Millionen Jahren und besteht im westlichen Teil hauptsächlich aus Kalkstein, während in den zentralen Pyrenäen Granite überwiegen.

Die Pyrenäen sind zwar kleiner und niedriger als die → *Alpen*, beeindrucken aber mit ihrem alpinen wie mediterranen Charakter und einer großen landschaftlichen Vielfalt. Die französische Seite bekommt mehr Regen ab, ist grüner, die spanische Seite trockener und einsamer, beide jedoch weisen schroffe Gipfel mit enormen Höhenunterschieden auf vergleichsweise kurzer Strecke auf – und eine Fülle von pittoresken Wegen und Steigen für Genusswanderer und ausdauernde Bergwanderer.

Das Hütten-Netz ist weniger dicht und einfacher als in den Alpen, reicht aber allemal, um die großartige Bergwelt zu erwandern, die in Verbindung mit der südfranzösischen und der nordspanischen Kultur eindrückliche Erlebnisse verspricht.

Drei Nationalparks locken

Drei Pyrenäen-Nationalparks lohnen den Besuch besonders: Auf der Nordseite sind zwischen dem Valleé d'Aspe im Westen und dem Valleé d'Aure im Osten über 450 Quadratkilometer im Nationalpark Pyrenäen/Parc National des Pyrénées geschützt, inklusive des berühmten Felsenkessels Cirque de Gavarnie und des Vignemale-Massivs, des mit 3298 Metern höchsten Punkts der französischen Pyrenäen.

Auf einem Teilstück seiner 100 Kilometer langen Südgrenze grenzt das Schutzgebiet an den schon 1918 eingerichteten spanischen Ordesa-Nationalpark/Parque Nacional de Ordesa y Monte Perdido, der zur Provinz Huesca/Aragón gehört. Die steilen, tief eingeschnittenen Schluchten mit bizarren Felsformationen erinnern an den Grand Canyon und sind Rückzugsgebiet für eine einzigartige Fauna und Flora, die in weiten Teilen Europas ausgestorben ist. Der 3355 Meter hohe Monte Perdido, dritthöchster Pyrenäengipfel, ist seit 1997 sogar UNESCO-Welterbe. Das Refugio de

Goriz (2200 m) eignet sich als Stützpunkt für Entdeckungstouren im Park, über die bekannte Brèche de Roland (2807 m) kann man auf die französische Seite absteigen.

Im weniger bekannten und kleineren Nationalpark Aigüestortes i Estany de Sant Maurici in den katalanischen Pyrenäen liegen der Zwillingsgipfel Encantats (2745 m) und die »Aigüestortes«, die »gewundenen Gewässer« des Sant-Nicolau-Flusses. Die Pflanzen- und Tierwelt im teilweise schwer zugänglichen Park kann sich in relativ intakten Ökosystemen entwickeln, von Wiesen und Äckern über Laub- und Nadelwälder bis zu Almwiesen und Felsen in den höchsten Lagen.

Fülle unvergesslicher Eindrücke

Wer sich nicht mit Halbtagestouren, Themenwanderungen, Tages- oder Mehrtagestouren begnügen will, dem bieten zwei große Fernwanderwege ein ausgiebiges Wanderprogramm: Auf französischer Seite verbindet der GR 10 (Grande Randonnée 10) in 50 Etappen über 866 Kilometer Hendaye am Atlantik mit Banyuls-sur-Mer am Mittelmeer.

Das spanische Pendant, der GR 11 (Gran Recorrido 11), durchquert in 47 Tagen das Gebirge vom Cabo Higuer im Baskenland bis zum Cap de Creus im äußersten Osten der Iberischen Halbinsel.

Beide Varianten garantieren ausdauernden und technisch versierten Wanderern eine Fülle unvergesslicher Eindrücke.

Radwandern

Oder : Auf zwei Rädern zu neuen Horizonten

68

Beim Radwandern steht das bewusste Erleben der Landschaft in Verbindung mit sanfter, umweltschonender und gesunder Fortbewegung aus eigener Kraft im Vordergrund, mit größerer Reichweite und bequemerer Gepäcktransportmöglichkeit als beim → *Wandern*.

Immer mehr Menschen starten mit modernen Trekking-Bikes, die längst auch als E-Bikes etabliert sind, zu mehr oder weniger ausgedehnten Touren. Viele Regionen haben auf den Trend reagiert, Radwanderwege ausgewiesen und Lücken im Radwegenetz geschlossen. Diese touristischen

Radrouten sind einheitlich mit Schildern und Routenpiktogrammen markiert und in einschlägigen Radwanderkarten eingezeichnet. Reichen sie über eine Region hinaus, spricht man von Radfernwegen.

Auf zu neuen Horizonten!

Seit 2006 bietet der Allgemeine Deutsche Fahrrad-Club (ADFC) an, Radfernwege zu überprüfen und mit einer Sternezahl als Qualitätsradroute zu zertifizieren. In die Bewertung fließen ein: Konzeption (Strecke, Rundkurs oder Netz), Routenführung (naturnah, möglichst wenig Verkehrsbelastung), Wegweisung (einheitlich und durchgängig), Mindestlänge (150 km oder zwei Streckenübernachtungen), Breite (mind. 2 m), Befahrbarkeit (auch für Tandem oder Anhänger), Anbindung an den öffentlichen Nahverkehr, gastronomische Angebote und Rastplätze, Bett&Bike-Übernachtungsmöglichkeiten, Sicherheitsmaßnahmen und regelmäßige Kontrolle/Wartung. Maximal, aber selten vergeben werden fünf Sterne, Radwanderer sind bereits bei Routen mit drei und vier Sternen gut bedient. Eine nach Sterne-Zahl geordnete Übersicht der etwa 200 deutschen Radfernwege findet man unter www.adfc.de.

Wer lieber international unterwegs ist, hat europaweit viele Optionen. Erst heißt es aber in den Radwandersattel steigen und die Vorzüge der Bewegungsvariante per Bike ausprobieren. Sie verschafft Befriedigung und eröffnet neue Horizonte.

69 Rasten
Oder : Wer's nicht tut, ist selbst schuld

Zwar heißt es im Sprichwort »Wer rastet, der rostet«, doch das gilt nicht fürs Wandern. Zumindest nicht, wenn man nicht zu lange rastet – denn dann mag man womöglich nicht so leicht wieder in Schwung kommen. Zu einer längeren Wandertour gehören unbedingt ausreichende Pausen, um die Phasen der Anstrengung mit Zeiten des Ausruhens ausgleichen zu können – erst beides zusammen macht einen genussvollen Wandertag, an den man sich gern erinnert. Rastplätze finden sich immer: Wenn es keine Bänke gibt, tut es ein Felsbrocken, ein Baumstumpf, ein Plätzchen auf der Wiese, unter einem Schatten spendenden Baum oder am Bach.

Klassischer Pausenrhythmus

Orientieren kann man sich am klassischen Pausenrhythmus: Nach der Aufwärmphase von ca. 10–15 Minuten kurz stoppen und zu warme Kleidung in den → *Rucksack* packen; zwischendurch alle 30 Minuten ein paar Schlucke trinken (Pause auch zum Eincremen oder Fotografieren nutzen); nach etwa zwei Stunden eine erste gemütliche Rast von 20–30 Minuten mit → *Brotzeit* einlegen (dabei eventuell etwas Warmes, Winddichtes überziehen, um nicht auszukühlen). Weitere Pausen folgen etwa im Zwei-Stunden-Rhythmus und orientieren sich am Gelände und der Dauer der Wanderung.

Erreicht man einen Gipfel bei schönem, sicherem Wetter und hat genügend Zeitreserven, wird die Gipfelrast zum echten Genuss, mit ausgiebigen Rundumblicken, leckeren Bissen, geselliger Unterhaltung oder einem kleinen Nickerchen im Windschatten (auf Sonnenschutz achten).

Nach längerer Rast braucht man eine erneute »Anlaufzeit«, um wieder in Tritt zu kommen. Und auch beim Abstieg sollte man das Rasten und Trinken nicht vergessen: Wenn es keine Einkehrmöglichkeit gibt, die Wasserflasche rechtzeitig auffüllen!

Rhön

70

Oder : Vulkanlandschaft zwischen drei Ländern

Das gut 1500 Quadratkilometer große Mittelgebirge im Grenzgebiet von Bayern, Hessen und Thüringen gliedert sich in drei Naturräume: die zentrale, etwa 50 Kilometer lange Hochrhön mit der Wasserkuppe (950 m) als höchster Erhebung, die Kuppen- oder Vorderrhön, die hufeisenförmig die Hochrhön umgibt und in der Milseburg 835 Meter erreicht, und die Südrhön, die leicht wellig zur Saale hin abfällt. Die Rhön ist überwiegend vulkanischen Ursprungs, wie die Felsrücken aus Basalt in den Gipfelregionen anzeigen.

Besondere Wander-Schmankerl

Rund 6000 Kilometer markierte Wanderwege, der Großteil vom Rhönklub (→ *Wandervereine*) betreut, ermöglichen jede Menge Wanderungen. Besondere Schmankerl bieten 21 »Extratouren«-Rundwege, die – allesamt zertifizierte Premiumwege – als abwechslungsreiche Tageswanderungen über die Rhön verteilt sind (→ *Prädikatswanderwege*):

Auf der Hochrhöntour z. B. erkundet man auf schmalen Pfaden das größte außeralpine Naturschutzgebiet Bayerns, die »Lange Rhön«, Lebensraum von seltenen Wiesenbrütern wie Birkhuhn und Wachtelkönig. Der »Milseburgweg« umrundet die markante Milseburg, vielfach als schönster Berg der Rhön genannt, mit ihrer Kreuzigungsgruppe, der St.-Gangolf-Kapelle und der Milseburghütte. Die »Hüttentour« wiederum zieht vom Infozentrum »Haus der Schwarzen Berge« durch Wiesen und Wälder zu den Berghütten Würzburger Haus und Berghaus Rhön.

Ende 2006 eröffnet wurde der Hochrhöner, der über etwa 175 Kilometer und die drei Ländergrenzen hinweg von Bad Kissingen nach Bad Salzungen leitet. Er passiert die höchsten Gipfel Wasserkuppe, Kreuzberg und Ellenbogen – und nebenbei interessante Orte wie das Franziskanerkloster auf dem Kreuzberg mit seiner jahrhundertealten Brautradition. Weitere Höhepunkte sind das Rote und das Schwarze Moor, der Heidelstein und das Naturschutzgebiet Ibengarten. Am Roten Moor teilt sich der Premiumweg in zwei Varianten – die westliche Variante führt mit einer Gesamtlänge von 140 Kilometern über die Kuppenrhön.

Klettergewandte Vierbeiner in der Rhön

Der Naturpark und Biosphärenreservat Bayerische Rhön e. V. möchte menschliche Aktivitäten im Einklang mit der Natur fördern und damit den Charakter der Rhön erhalten. Dazu trägt das Herstellen und Vermarkten umweltbewusster, hochwertiger Produkte bei. Ein Beispiel liefert das Rhönschaf, das auf den Bergwiesen seiner angestammten Heimat für die Landschaftspflege sorgt. Die Rasse mit unbewolltem schwarzem Kopf ohne Hörner war wegen ihres zarten, geschmacklich an Wild erinnernden Fleisches im 19. Jahrhundert bei Feinschmeckern sehr begehrt und Mitte des 20. Jahrhunderts fast ausgestorben. Heute streifen wieder über 2000 Muttertiere des widerstandsfähigen und klettergewandten Vierbeiners durch die unwegsamen Höhenlagen der Rhön.

Rodeln

Oder ⋮ Winterspaß auf zwei Kufen

71

Seit früher Zeit wurden große Ziehschlitten in Skandinavien und im Alpenraum für den winterlichen Transport von Heu und Holz und in kleinerer Version auch für den Personentransport genutzt. Aus dieser Schlittenform entwickelten sich ab dem 19. Jahrhundert Schlitten als Freizeitgeräte – und später als Rennrodel für den wettkampfmäßigen Einsatz auf Kunsteis- und Natureisrodelbahnen. Ein moderner Sport- rodel fährt heute dank schräg eingesetzter Kufen auf der Kante und lässt sich durch Gewichtsver- lagerung und Beinarbeit am Rodel steuern. Damit ist er spurtreuer und schneller als ein klassischer Davoser

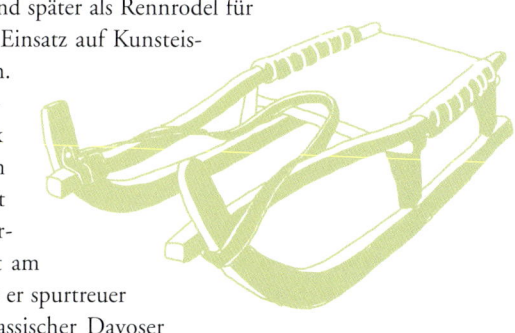

Schlitten, der durch Drücken der Füße gegen den Boden gelenkt wird. Rodeln kann eigentlich jeder, und Groß und Klein macht es Spaß, zusammen durch verschneites Gelände aufzusteigen und hinabzusausen – wenigstens auf den kleineren Buckeln im Stadtpark. Noch viel mehr Spaß und ein richtiges Wintererlebnis bietet eine ausgedehnte Winterwander-Schlittentour auf geräumten Rodelbahnen mit Einkehrschwung in einer Berghütte. Entsprechende Rodelbahnen gibt es vor allem in den Alpen, aber auch in den deutschen Mittelgebirgen wie Harz oder Thüringer Wald (nähere Infos gibt es auf rodelfuehrer.de, rodeltour.de oder outdooractive.com).

Kaum zu glauben

Dass man schon früh aus Spaß an der Gaudi rodelte, berichtet der griechische Schriftsteller Plutarch, der kurz nach Jesus Christus lebte. Demnach soll der Volksstamm der Kimbern nackt durch den Schnee auf einen Berg gestiegen sein, um auf breiten, flachen Schilden den Hang hinabzurutschen. Das waren noch echte Germanen!

Regeln für den ungetrübten Rodel-Spaß

Damit das Rodeln Spaß macht, sollte man sich der winterlichen Witterung entsprechend kleiden – feste Schuhe mit Profilsohle sind unentbehrlich, um sicher aufsteigen und beim Abfahren lenken und bremsen zu können. Unfälle kann man häufig vermeiden, wenn folgende Punkte beachtet werden:

- Beim Aufstieg auf Gegenverkehr Rücksicht nehmen – besondere Vorsicht gilt für Gruppen und Kinder; vereiste Stellen und schwierige Kurven für die Abfahrt einprägen.
- Generell in den Innenseiten von Kurven aufsteigen, nicht in Kurven stehen bleiben, an unübersichtlichen Stellen am Rand und hintereinander aufsteigen.
- Rodelbahnen sind oft auch Versorgungsstraßen – hier vor allem Gebots-, Verbots- und Gefahrenschilder sowie den möglichen Pkw-Verkehr beachten.
- Stets mit einer der Situation angemessenen Geschwindigkeit abfahren, immer bremsbereit sein und auf ansteigende Rodler Rücksicht nehmen und nicht zu knapp hintereinander abfahren.
- Bei Stürzen die Rodelbahn sofort verlassen.
- Nachts mit gut befestigter Stirnlampe aufsteigen und abfahren und die Geschwindigkeit anpassen.
- Nicht alkoholisiert rodeln.

Rucksack

72

Oder : Was muss wirklich mit?

Den Rucksack als Freund des Bergfreunds zu bezeichnen, wäre nicht wirklich treffend. Kaum ein altgedienter Alpinist wird viel weiter als bis zum nächsten Spiegel suchen müssen, um jemanden aufzutreiben, der »die fette Sau« schon mal zum Teufel gewünscht hat. Aber frei nach Winston Churchill (»Die Demokratie ist die schlechteste Regierungsform – außer allen anderen, die ausprobiert wurden«) ist festzustellen, dass der Genusswert einer Bergtour durch die Anwesenheit eines voll gepackten Rucksacks auf dem Rücken zwar erheblich in die Knie geht – dass aber keine bessere Methode bekannt ist, um am Berg alles Nötige mitzuführen. Denn der schöne Beruf des Trägers ist im 20. Jahrhundert aus der Mode gekommen.

Nur das wirklich Nötige muss mit

Also stellt sich die Frage: Was muss denn wirklich mit? Und anschließend: Wie pack ich's sinnvoll ein? Dazu hat die kollektive alpine Erfahrung eine Reihe kluger Weisheiten generiert. Etwa: »Ein großer Rucksack lädt zum Vollpacken ein«, »Der Rucksack ist voll mit Sachen, die nichts wiegen« oder gar »Wer Biwakmaterial mitnimmt, biwakiert auch«.

Erste Richtlinie heißt also: den Rucksack so klein wählen (beim Kauf oder bei der Auswahl im Materialkeller), dass nur das wirklich Benötigte hineinpasst. Und bei der Abwägung, was »wirklich nötig« ist, das alpine Umfeld beachten. Wer ein dickes Blumenbestimmungsbuch mitschleppt, wird die schönsten Wiesen vielleicht gar nicht mehr erreichen, und Handtuch, Rasierer und Schminkkoffer sind beim »après Climb« auf der Hütte nicht kampfentscheidend. Erfahrene Berggänger ziehen ihren Stolz richtiger Einschätzung daraus, wenn sie alles, was im Rucksack war, während der Tour einmal zum Einsatz brachten (bis auf die Notfallausrüstung). Das klappt natürlich nicht von Anfang an, deshalb kann man sich an Packlisten orientieren. Ein paar Vorschläge zum Minimum, die bei mehr Trage-Leidensbereitschaft natürlich beliebig ergänzbar sind:

Tageswanderung: Hemd zum Wechseln, Wärme- und Wetterschutz-bekleidung, eventuell inklusive Handschuhe und Mütze, Sonnenschutz (Brille, Hut, Creme, Lippenstift), Karte und Tourenbeschreibung, Getränk und Essen, eventuell Kamera

Zusätzlich für Übernachtung: Wechselwäsche, eventuell Wechselsocken, eventuell leichte Zivilkleidung, Hüttenschlafsack, Zahnbürste, Stirnlampe
Notfallausrüstung: siehe → *Notfall*

Sinnvolle Packtaktiken

Zur sinnvollen Packtaktik gibt es drei Leitsätze:
a) Schwere Gegenstände so nah wie möglich am Körperschwerpunkt verstauen, also relativ unten an der Rücken-Seite.
b) Sperrige, kantige Dinge so verpacken, dass sie nicht ins Kreuz drücken.
c) Ganz unten hin kommen die nicht dringend benötigten Sachen (Übernachtungsmaterial, Notfallausrüstung, Wetterschutz) und weiter oben das, was man voraussichtlich bald braucht.
Diese drei Maximen lassen sich nicht immer versöhnen, doch klar ist: Häufige Pack- und Wühlstopps kosten Zeit und Nerven!

NOCH EIN PAAR TIPPS Für Kleinigkeiten, die man schnell zur Hand haben möchte, sind Deckel-, Außen- und Aufsetztaschen am Rucksack praktisch – solange man sie nicht überlädt. Eine Deckel-Innentasche erlaubt sicheres Verstauen von Wertsachen (Geldbeutel, Schlüssel, Handy). Gehören zum Proviant Flüssigkeiten oder Sachen mit Sauerei-Potenzial (Bananen, Joghurt), schützt ein druckstabiles Behältnis den restlichen Rucksackinhalt, wiegt aber zusätzlich – wer mit Müsliriegeln und Hartwurst auskommt, hat's auch im Wortsinn leichter.
Wechselwäsche verpackt man sinnvoll trocken in Plastiktüten, eventuell verschweißt. Ist Regen oder Schnee zu erwarten, kann man den Rucksack und seinen Inhalt mit einer Außenhülle schützen – die aber gern vom Wind verweht wird –, oder man steckt vor dem Packen einen Plastik-Müllsack in den Rucksack.
Und noch zwei Anmerkungen: Trage- und Belüftungssysteme können den Schleppjob etwas bequemer und schweißärmer machen. Aber bei der Auswahl des Wunschmodells sollte man darauf achten, dass Gewicht

und Komplexität dieser Ausstattung im richtigen Verhältnis zum Touren-
anspruch und Rucksackinhalt stehen! Und außen angebrachte Bändel,
Schnallriemen und sonstige Gimmicks bedeuten immer Zusatzgewicht –
ob und wie oft man sie wirklich braucht, sollte man sich ehrlich fragen.

Schwäbische Alb

Oder : Herb, aber herzlich

73

Zwischen Tuttlingen und Spaichingen im Südwesten und dem Nördlin-
ger Ries im Nordosten erstreckt sich auf rund 180 Kilometern Länge und
40 Kilometern Breite die Schwäbische Alb. Ihr in schroffen Felswänden
abbrechender Albtrauf begrenzt das Mittelgebirge im Nordwesten markant
gegen das Albvorland, während die erodierte Hochfläche nach Südosten
sanft ins Alpenvorland abfällt.
Ihrem im Vergleich zum Vorland meist 3–5 °C kälteren rauen Klima
verdankt die Alb wohl auch den Beinamen »Schwäbisch Sibirien«. Entsprechend herb ist die Landschaft, geprägt von
Wäldern, Wiesen und den durch die Schä-
ferei entstandenen Wacholderheiden.

Die teilweise subalpine Vegetation umfasst Distelarten – die Silberdistel ist
botanisches Wahrzeichen der Schwäbischen Alb – und Enziane (→ *Alpen-
blumen*). Der ehemalige Truppenübungsplatz Münsingen in der Mittleren
Alb ist inzwischen als Biosphärengebiet Schwäbische Alb ausgewiesen und
seit 2009 auch UNESCO-Biosphärenreservat.

Ruhige, abwechslungsreiche Wanderregion

Die Schwäbische Alb punktet als ruhige, abwechslungsreiche Wanderregion mit einer großen Auswahl von Wegen. Viele Gemeinden haben Rundwege eingerichtet, während die Streckenwanderwege vom Schwäbischen Albverein (→ *Wandervereine*) betreut und markiert werden – laut eigenen Angaben insgesamt über 23 000 Kilometer.

Rückgrat dieses Wanderwegnetzes auf und im Umkreis der Alb sind neun »Hauptwanderwege« (HW), allesamt Fernwanderwege, die sich aber auch für etappenweises Wandern eignen. Der Schwäbische-Alb-Nordrand-Weg (HW 1) oder Albsteig führt auf gut 350 Kilometern immer an der Kante des Albtraufs entlang und reiht viele Aussichtsbalkone mit toller Fernsicht über das Albvorland aneinander. Großteils auf naturbelassenen Pfaden führt der älteste Hauptwanderweg der Alb in 15 bis 22 Etappen von Donauwörth bis Tuttlingen und bietet viele Glanzlichter. Seit 2009 ist er »Qualitätsweg«, seit 2013 zählt er auch zu den »Top Trails of Germany« (→ *Prädikatswanderwege*).

Ebenfalls ein Qualitätswanderweg ist der Donau-Zollernalb-Weg, der von Beuron in weitem Bogen auf die Albhochfläche nach Albstadt am Albtrauf und zum Lemberg (1015 m) führt, der höchsten Erhebung der Alb. Von dort kann man auf dem mehrfach ausgezeichneten Donauberglandweg nach Beuron zurückwandern und eine 214 Kilometer lange Runde schließen.

Traufgänge und Grafensteige

Wer nicht so viel Zeit hat, ist mit vielen lohnenden Tages- oder Wochenendtouren gut bedient. Sieben »Traufgänge« verlocken bei Albstadt dazu, in die schwäbische Natur- und Kulturgeschichte einzutauchen, und um die ehemalige Residenzstadt des württembergischen Landesvaters Graf Eberhard im Bart Bad Urach findet man mit den »Grafensteigen« Rundtouren mit sportlichem Anspruch vor – jeder Steig führt auf die Alb, wo schöne Ausblicke oder auf Felsen thronende Burgruinen warten.

Lohnend ist auch der geologisch interessante »Gustav-Ströhmfeld-Weg« zwischen Metzingen und Neuffen. Der nach dem ersten »Ehrenwegmeister« des Schwäbischen Albvereins benannte Weg wurde nach Erneuerungen 2013 wieder eröffnet – und erhielt 2014 das Siegel »Qualitätsweg«. Unter der Wandermarke »Donauwellen« wurden weitere lohnende Wege zertifiziert. Auf www.schwaebischalb.de erfährt man, was sich für Wanderer auf der Alb tut.

Schwarzwald

Oder ⋮ Im größten deutschen Mittelgebirge

Der Schwarzwald ist mit über 11 000 Quadratkilometern Fläche nicht nur das größte → *Mittelgebirge*, sondern auch das höchste in Deutschland, mit Gipfeln bis knapp unter die 1500-Meter-Marke. Dicht bewaldet erstreckt sich der »silva nigra«, der schwarze Wald, wie ihn schon die Römer nannten, über etwa 150 Kilometer vom Hochrhein bis zum Kraichgau und von der Oberrheinischen Tiefebene bis zur Baar, wobei er bis 50 Kilometer breit ist.

Aufgeteilt ist das Mittelgebirge in den Nordschwarzwald mit der Hornisgrinde (1164 m) als höchster Erhebung, in den Mittleren Schwarzwald und den Südschwarzwald mit den höchsten Gipfeln Feldberg (1493 m), Seebuck (1448 m), Herzogenhorn (1415 m) und Belchen (1414 m).

Auch die klimatischen Merkmale gehen auf die Höhe zurück, vergleichsweise kühle Temperaturen und hohe Niederschläge, vor allem an der Westseite, wo sich feuchte Atlantik-Wolken abregnen.

Typische Schwarzwälder Kulturlandschaft

Zwei riesige Naturparks sind im Schwarzwald beheimatet. Der Naturpark Schwarzwald Mitte/Nord, mit 3750 Quadratkilometern Fläche größter Naturpark Deutschlands, umfasst 105 Gemeinden bis Pforzheim, Baden-Baden und Karlsruhe und ist Lebensraum für etwa 700 000 Menschen. Mittendrin, zwischen Baiersbronn und Baden-Baden, liegen entlang des Hauptkamms die 10 000 Hektar Fläche des Anfang 2014 gegründeten Nationalparks Schwarzwald. Urwüchsige Wälder machen rund zwei Drittel der Naturparkfläche aus, wechseln mit offenen Wiesen- und Weideflächen ab; Moore, Moorwälder, Feucht- und Nasswiesen sowie eiszeitliche Karseen sind darin eingebettet. Diese typische

Schwarzwälder Kulturlandschaft lässt sich auf ausgewiesenen Strecken erwandern, was genauso für den sich anschließenden Naturpark Südschwarzwald gilt. Der umfasst auf 3700 Quadratkilometern Fläche als zweitgrößter deutscher Naturpark 103 Gemeinden mit 550 000 Menschen, reicht bis nach Waldshut-Tiengen und Lörrach im Süden und bietet eine Menge Schluchten, Steige, Wasserfälle, Berggipfel und Täler. Seit 2016 ist in der Region auch ein Biosphärenreservat ausgewiesen.

Längs und quer und rundherum

Längs und quer und rundherum pflegt der Schwarzwaldverein (→ *Wandervereine*) seit über hundert Jahren die mittlerweile fast 24 000 Kilometer ausgeschilderter Wanderwege, deren Grundgerüst ein gut ausgebautes Fernwanderwegesystem mit Längs- und Querwegen ist. Am bekanntesten ist der schon 1900 eingerichtete und 2007 angepasste Westweg. Auf 285 Kilometern führt dieser »Qualitätsweg« und »Top Trail of Germany« (→ *Prädikatswanderwege*) in zwölf Etappen als aussichtsreiche Höhenwanderung von Pforzheim nach Basel, gabelt sich am Titisee in eine westliche und eine östliche Route und passiert auch den Feldberg. Den höchsten deutschen Mittelgebirgsgipfel erreicht man in einer Tagestour auch auf dem »Feldberg-Steig«, auf schmalem Pfad, über kleine Hängebrücken und mit begeisternder Fernsicht auf die → *Vogesen* und die Schweizer Alpen.
2008 entstand der Schluchtensteig, dessen 118 Kilometer in weitem Bogen durch zerklüftete Schluchten und dunkle Tannenwälder von Stühlingen nach Wehr führen. In der Wutachschlucht, dem »Grand Canyon des Schwarzwalds«, kann man sommerlicher Hitze gut entfliehen und sich in klaren Wassergumpen abkühlen.
Knapp hundert Kilometer lang ist der Renchtalsteig, dessen fünf Etappen zwischen Offenburg und Baden-Baden Schwarzwald-Vielfalt pur bieten: die Weinmetropole Oberkirch, die Grinden im Gebiet der Alexanderschanze, weite Hochflächen auf 1000 Metern Höhe, Felswände, Wasserfälle, Karseen und sprudelnde Quellen.
Im April 2014 eröffnet, umrundet der »Lauterbacher Wandersteig« bei Schramberg am Ostrand des mittleren Schwarzwalds auf 34 Kilometern und mit immerhin 1200 Höhenmetern Anstieg das tief eingeschnittene Lauterbachtal und das weite Hochtal des Sulzbachs, passiert dabei markante Buntsandstein-Formationen und das »Felsenmeer« bei der Burgruine Hohenschramberg.

Schwindel und Schwindelfreiheit

Oder : Wie man einen klaren Kopf behält

Am Berg gibt es zwei Arten von Schwindel – den einen in Form der leichteren Lüge oder beschönigenden Situationsdarstellung à la: »Die Hütte ist nicht mehr weit, höchstens eine halbe Stunde!«, oder: »Das Wetter war super und die Tour total easy!«; den sollte man nicht (zu oft) anwenden. Und den anderen in Form des Höhenschwindels oder der Höhenangst möglichst nicht erleiden müssen. Denn sonst ist es mit der berühmten Schwindelfreiheit nicht weit her, die meint, dass man sich in ausgesetzten, luftigen Passagen, in denen es steil und weit runtergeht, ohne Panik und Angstgefühl fortbewegen kann. Bei anspruchsvolleren Bergwanderungen wird sie oft in einem Atemzug mit der ebenso oft zitierten → *Trittsicherheit* vorausgesetzt.

Höhenangst und Höhenschwindel …

Die Höhenangst/Tiefenangst (Akrophobie) kann auf hohen Bergen, Türmen, Brücken, Balkonen oder in Hochhäusern auftreten. Generell ist Angst etwas Sinnvolles, weil sie uns vor oder in brenzligen Situationen warnt und so überleben hilft. Wenn aber in einer Situation keine oder nur eine geringe objektive Gefahr besteht, wird die Angst zur Angststörung, mit körperlichen Beschwerden wie Atemnot, Herzrasen, Benommenheit, Schwitzen, Schwindel oder Brustschmerzen. Behandeln kann man Höhenangst mit Medikamenten, Entspannungstechniken oder mit psychotherapeutischen Methoden, die darauf abzielen, Selbstsicherheit aufzubauen und die Angst durch reflektierten, praktischen Umgang beherrschen zu lernen.

Für den Höhenschwindel gibt es nachvollziehbare biologische Ursachen. Der Körper orientiert sich aus den Augenwinkeln heraus über die Netzhautperipherie an feststehenden Objekten wie Bäumen, um sich zu stabilisieren und aufrecht stehen zu können. Fehlen im ausgesetzten Gelände oder in großer Höhe solche fixen Objekte, fängt der Kopf an zu schwanken, was sich auf den Körper überträgt, sodass ein Schwindelgefühl entstehen kann. Höhenschwindel nimmt in der Regel bei Gewöhnung ab, was heißt, dass Schwindelfreiheit z. B. in speziellen Kursen und in gewissem Umfang trainierbar ist.

… und wie man ihnen entgegenwirkt

Hier einige Tipps, die Höhenschwindel lindern:

- Weit- und Tiefblicke vermeiden, auf die nächsten Schritte konzentrieren; immer dorthin schauen, wo es hingehen soll, nicht dorthin, wo es auf keinen Fall hingehen soll.
- An ausgesetzten Stellen nicht frei stehen, sondern sich festhalten (Fels, Gipfelkreuz, Seil) oder sich hinsetzen oder hinlegen.
- Beim Blick in die Tiefe sollten kontrastreiche Objekte im seitlichen Blickfeld sein; ein kurzer Tiefblick stört weniger, da der Schwindel erst nach einigen Sekunden einsetzt.
- Keine sich bewegenden Objekte beobachten (Wolken, Vögel), auch der Blick durch ein Fernglas erhöht das Schwindelgefühl.
- Extreme Kopfpositionen vermeiden, um die Sinnesorgane nicht zusätzlich zu belasten.
- Auf die Atmung konzentrieren – schon bevor man hinauf- oder hinabsieht ruhig und tief atmen.

76 Steige und Klettersteige
Oder : Wenn es eng und steil wird

Grundsätzlich bezeichnet der Begriff Steig einen im Vergleich zu breiten Wanderwegen schmaleren, unebeneren Weg auf und über Berge. In Wanderkarten erkennt man Steige an der meist kurz gestrichelt oder punktiert dargestellten Signatur, während breitere Wege mit längeren Strichen

gezeigt werden. Im alpinen Bereich stellen Steige oft Ansprüche an die
→ *Trittsicherheit* und Schwindelfreiheit, weil sie durch ausgesetztes, fel-
siges Gelände verlaufen und passagenweise mit Stahlseilen und Tritthilfen
versichert sind. Häufig heißen auch enge oder steile Wege z. B. durch eine
Klamm »Steig«, und auch hier finden sich mit Seilen, Stufen, Leitern oder
Brücken versicherte Abschnitte.

Im Wanderbereich werden schließlich Höhenwege oder Abschnitte von
Fernwanderwegen als Steige bezeichnet, vielleicht deshalb, weil ein
»Steig« anspruchsvoller als ein »Weg« ist (und klingt), auch
wenn künstliche Versicherungen nicht verbaut sind.

Fließende Grenzen

Die Grenze zwischen Wegen und Steigen ist
fließend, ebenso die Grenze zwischen Steigen und Klettersteigen. Letztere versichern
mit Eisenleitern, Eisenstiften, -klammern
und Stahlseilen Kletterwege für Nicht-Klet-
terer. Das verbaute Eisen in den Vie Ferrate dient
der Fortbewegung wie der Selbstsicherung mit einer
Klettersteigausrüstung: einem Klettergurt, Kletter-
helm und einem speziellen Klettersteigset zum dyna-
mischen Abfedern eines Sturzes, das im Notfall die
fatalsten Folgen eines Sturzes vermeiden soll, üble
Verletzungen oft aber nicht verhindern kann. Das
Klettersteiggehen ist heute eine eigene alpine Disziplin
mit spezieller Schwierigkeitsskala von A (relativ harmloses Gelände mit
gelegentlichen Sicherungen) bis F (extrem steil und anstrengend mit überhängenden Passagen) für Spezialisten.

In den Mittelgebirgen sind viele Steige abwechslungsreiche (Höhen-)Fern-
wanderwege auf durchaus schmalen, anspruchsvollen Wegen/Steigen, wie
der Rheinsteig, der vom Rheingau über das Mittelrheintal bis zum Siebengebirge zieht, oder der Rothaarsteig, der durch das Sauerland, das Wittgen-
steiner Bergland und das Siegerland bis zum Westerwald führt. In einigen
Mittelgebirgen gibt es auch richtige, oft kürzere Klettersteige, etwa im Pfälzer Wald, an der Mosel und am Mittelrhein, im Elbsandsteingebirge (die
sogenannten »Stiegen«) und im Zittauer Gebirge. Einen Überblick bietet
z. B. www.klettersteig.de oder www.via-ferrata.de.

77

Stöcke

Oder : Gehhilfe für Zweifüßler

Wanderstöcke/Teleskopstöcke dienen der Unterstützung beim Wandern, Bergsteigen oder Trekking. Sie bieten Halt in unsicherem Gelände, unterstützen die ausgewogene Belastung von Armen und Beinen und entlasten insbesondere beim Bergabgehen Muskulatur und Gelenke, wenn man sie richtig einsetzt. Ihre Vorläufer sind der Wanderstab und Bergstock – Ersterer oft ein geformter, bisweilen kunstvoll verzierter Ast, den z. B. Handwerker traditionell auf der Walz (➜ *Nomadentum und Walz*) nutzen, Letzter, auch als »Alpenstange« bekannt und oft aus Eschenholz mit einer Metallspitze an einem Ende und in Körperlänge gefertigt, um bei An- und Abstiegen oder beim Überspringen oder Durchqueren von Bächen beidhändig als Stütze eingesetzt zu werden.

Obligatorischer Ausrüstungsgegenstand

Die ersten paarweise verwendeten Wanderstöcke kamen Mitte der 1970er-Jahre auf den Markt und haben sich seither vom belächelten Hilfsmittel älterer Semester zum fast obligatorischen Ausrüstungsgegenstand fürs Wandern entwickelt. Ihre Nutzung entlastet dank der künstlichen »Vierbeinigkeit« die oft eh schon angeschlagenen Knie deutlich – bei einer Tagestour kommen viele Tonnen Gewichtsentlastung zusammen, von der auch Oberschenkel, Wirbelsäule und Gelenke profitieren.

Auch beim Bergaufgehen unterstützen Stöcke die Beinmuskulatur, Arme und Schultern und beugen Ermüdung vor. Zudem fördert der gleichmäßige Stockeinsatz eine ebensolche Atmung – was der Ausdauer zugutekommt –, verbessert dank eines aufrechteren Ganges die Lungenventilation und lässt das Gleichgewicht in anspruchsvollerem Gelände leichter halten.

Der richtige Stockeinsatz

Für den richtigen Stockeinsatz empfehlen sich folgende Tipps:
• Die Stocklänge so einstellen, dass die Armbeuge etwa einen 90-Grad-Winkel beschreibt.

- In flachem oder leicht geneigtem Gelände die Stöcke im Diagonalschritt einsetzen – der nach vorn pendelnde Arm führt den Stock parallel zum Körper mit.
- Geht man bergauf, nutzt man den Doppelstockeinsatz und verkürzt die Stocklänge je nach Steilheit, um die Arme nicht zu überdehnen. In kurzen Steilpassagen fasst man unterhalb des Griffs zu – verlängerte Griffzonen sind dafür von Vorteil.
- Fürs Bergabgehen verlängert man die Stocklänge je nach Terrain, damit die Arme nicht ausgestreckt sind und das Gleichgewicht gehalten wird.
- Quert man einen Hang, kann man den bergseitigen Stock kürzer, den talseitigen länger einstellen und greift entsprechend unterhalb bzw. am Griff. Bei besonders steilen Querungen dienen Stöcke auch als »Seitstütz«, indem man sie parallel aufeinanderlegt und mit den Stockspitzen hangwärts schräg vor dem Körper hält. Rutscht man weg, kann man sich auf die Stöcke stützen und bremsen.
- Möchte man in schwierigerem Gelände die Hände frei haben, sollte man sie nicht durch die Schlaufen stecken; braucht man die Hände zum Klettern, werden die Stöcke am/im Rucksack verstaut bzw. an einem passenden Ort deponiert.

Aber keine Sonne ohne Schatten: Geht man ausschließlich mit Stöcken, drohen Koordinationsvermögen, Gleichgewichtssinn und Balancegefühl zu verkümmern. Deshalb sollte man die Gehhilfen zwischendurch bewusst zu Hause lassen oder die Stöcke auch mal am Rucksack verstauen. Abwechslung macht auch hier Sinn.

Südtirol
Oder : Paradies auf der Alpen-Südseite

78

Mit der Provinz Trento bildet Südtirol die Autonome Region Trentino-Südtirol/Trentino-Alto Adige, die nördlichste Region Italiens. Seit 1972 leben deutsch-, italienisch- und ladinischsprachige Südtiroler in weitgehender Autonomie mit Bozen als Landeshauptstadt. Die Siedlungen konzentrieren sich auf die Haupttäler, das Etschtal, Eisacktal, den Vinschgau und das Pustertal, wobei viele Weiler bis 1200 Meter Höhe reichen, wo traditionelle Bergbauernhöfe, ausgedehnte Hochalmen und Waldgebiete in alpine Regionen reichen.

An der Südseite der Alpen gelegen, vereint Südtirol auf seinen fast 7400 Quadratkilometern Fläche die Vorteile eines Berglands mit den Vorzügen eines vergleichsweise milden Klimas in den Tallagen – die Höhenstufen reichen von 200 Metern am Kalterer See mit seinen gepflegten Weinbergen bis zur Eiskuppe des 3905 Meter hohen Ortlers, des höchsten Bergs Südtirols. Die vielgestaltigen Landschaften mit ihren reizvollen Gegensätzen in Verbindung mit alpiner wie mediterraner Lebensart machen Südtirol zu einem attraktiven Urlaubsland.

Zur Attraktivität trägt auch die Schönheit seiner Bergnatur bei, die im Nationalpark Stilfser Joch und in sieben Naturparks geschützt ist: Texelgruppe, Rieserferner-Ahrn, Trudner Horn, Schlern-Rosengarten, Puez-Geisler, Fanes-Sennes-Prags und Drei Zinnen. Die letzten vier gehören zu den Dolomiten, die 2009 von der UNESCO zum Weltnaturerbe erhoben wurden.

Apfelplantagen und hohe Gipfel

Südtirols Vielfalt erschließt ein 16 000 Kilometer weites Wegenetz, das von leichten Spaziergängen durch Apfelplantagen in den Talschaften bis zu anspruchsvollen Bergwanderungen zu Bergseen und auf die hohen Gipfel reicht und auch die 90 Südtiroler Schutzhütten und viele Jausenstationen umfasst.

Im sonnenreichen, trockenen Vinschgau leiten ausgeklügelte Bewässerungskanäle, die Waale, das kostbare Nass. Auf den sie begleitenden Waalwegen kann man ganzjährig wandern, z. B. auf dem zwölf Kilometer langen Marlinger Waalweg mit ausgezeichnetem Blick auf das Meraner Becken. Den gesamten Vinschgau bis zur Etschquelle am Reschenpass durchquert der »Vinschger Höhenweg« auf 108 Kilometern in sechs Etappen.

Im einsamen Naturpark Texelgruppe umrundet der »Meraner Höhenweg« meist auf 1400 Metern Höhe die Texelgruppe, zieht aber auch zum Eisjöchl auf stolze 2895 Meter hinauf. Mitten in der Texelgruppe liegt auch die Sprenser Seenplatte, von der Meran sein Wasser bezieht – die anspruchsvolle Bergwanderung bietet zauberhafte Natureindrücke.

Gemütlicher geht es auf dem Eisacktaler »Keschtnweg« zu, der von Brixen über das Rittner Hochplateau in den Bozner Talkessel führt und Einblicke in die Kultur der »Keschtn« (Esskastanien) gibt – im Herbst ein farbenfrohes Wandererlebnis.

Bergwanderungen in grandioser hochalpiner Natur

Den Südtiroler Nordosten im Tauferer Ahrntal können Bergwanderer z. B. auf dem »Ahrntaler Sonnenweg« erkunden, auf dem »Neveser Höhenweg« oder dem »Arthur-Hartdegen-Weg« in der Rieserferner Gruppe – alles gemäßigte Bergwanderungen in grandioser hochalpiner Natur.

Wenig bekannt ist der »Sentiero Aldo Bonacossa«, der vom Gampenpass im Deutschnonsberg in drei bis vier Tagen über Almen und Jöcher nach Rabbi im Trentino führt – ein Tipp für Wanderer, die keinen Trubel brauchen und gern auf Almen oder Biwakhütten ausweichen.

Von den zehn Dolomiten-Höhenwegen, die mit unterschiedlichem Anspruch durch fast alle Dolomiten-Stöcke ziehen, beginnen acht in Südtirol. Wer kürzere und einfachere Dolomiten-Ausflüge vorzieht, kann etwa auf der Seiser Alm Richtung Schlern oder Langkofel wandern, den Peitlerkofel oder die Drei Zinnen umrunden.

Wo auch immer man in Südtirol unterwegs ist, findet man lohnende Wanderziele und das auf Jahre

Kaum zu glauben

Mehr als 7000 Obstbauern ernten auf ca. 18 400 ha Fläche (mehr als 25 000 Fußballfelder) jährlich 950 000 t Südtiroler Äpfel. Das entspricht rund 10 % der in der EU angebauten Äpfel und 2 % der Weltproduktion. Mit fast 40 % Marktanteil ist Südtirol derzeit Europas größter Bio-Apfel-Lieferant.

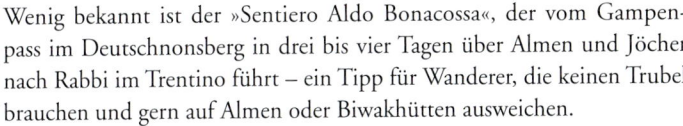

Thüringer Wald
Oder : Das »Grüne Herz« in Deutschlands Mitte

79

Versteht man den Thüringer Wald als Einheit mit dem sich südöstlich anschließenden Thüringer Schiefergebirge, so ist der Gebirgszug etwa 130 Kilometer lang, bis 35 Kilometer breit und bis 1000 Meter hoch. Ausgedehnte Fichtenwälder, blühende Bergwiesen, zahllose Gipfel und Täler prägen die

Landschaft des Thüringer Mittelgebirges. Große Teile davon bilden den Naturpark Thüringer Wald, der im System der »Naturpark-Route« von einer Attraktion zur anderen leitet und die schönsten Orte zeigt – 124 bewusst gewählte Angebote sind in 14 regionale Abschnitte aufgeteilt, eine unglaubliche Fülle an sehenswerten Highlights für Besucher. Schier unendlich ist auch das Angebot für Naturliebhaber, die das unglaubliche 15 000 Kilometer große Rad-, Wander- und Skiwegenetz nutzen können.

Über Kuppen und Gipfel mit Kulturbonus

Kulturinteressierte führt der Wanderweg »Von Bach zu Goethe« zu den Wirkungsstätten der beiden Großmeister. Durch idyllische Buchen- und Mischwaldbestände und außergewöhnliche Karstflora wandert man über die malerischen Reinsberge und den bekannten Veronikaberg und genießt herrliche Panoramablicke ins Tal der wilden Gera und ins Wipfratal.

Den wichtigsten Aufenthalten des Dichterfürsten in der Umgebung von Ilmenau ist der Goethewanderweg gewidmet. Der erste Qualitätsweg im Freistaat Thüringen verbindet Wander- und Kulturerlebnis – inklusive drei Goethemuseen. Den sprichwörtlichen Höhepunkt erreicht man auf dem 861 Meter hohen Gipfel des Kickelhahns mit dem Goethehäuschen und der Inschrift »Über allen Gipfeln ist Ruh …« – und das in 16 Sprachen. Gleich über sechs Berge oder »Kuppen« geht der »6-Kuppen-Steig«, auf dem man auch Einblick in traditionelles Handwerk gewinnen kann – Glaskunst, Christbaumschmuck, Porzellan und Spielzeug, aber auch Schieferverarbeitung und Goldbergbau sind zu sehen.

Noch höher hinaus, nämlich auf sieben der höchsten Berge inklusive dem höchsten Gipfel, dem Großen Beerberg (983 m), wandert man auf dem »Gipfelweg« im zentralen Teil. Zum Naturerlebnis gesellt sich hier zünftige Hüttenkost in drei typischen Wanderhütten.

Der »Renner« unter den Wanderwegen

An den höchsten Gipfeln vorbei und noch viel weiter zieht der wohl bekannteste deutsche Höhenwanderweg, der »Renner« unter den Thüringer

Wanderwegen: Von der Werra bei Hörschel bis zur Saale bei Blankenstein führt der älteste deutsche Fernwanderweg, der Rennsteig, in rund 700 Metern Höhe über 168 Kilometer quer durch den Naturpark Thüringer Wald. Zum Naturerlebnis im einsamen Wald auf tief in den Stein gefressenen Pfaden und steilen Anstiegen gesellen sich Zeugnisse aus längst vergangenen Zeiten. Und links und rechts des Rennsteigs warten historische Residenzstädte, traditionsreiche Orte und kleine Bergdörfchen darauf, erkundet zu werden. Abstecher dorthin ermöglichen insgesamt 40 »Rennsteig-Leitern«, die jeweils vom Rennsteigportal zum Ortsportal führen oder umgekehrt.

Tiere der Alpen

Oder : Bitte nicht füttern!

80

Begegnungen mit Wildtieren sind oft emotionale Highlights einer Bergtour – vor allem aber für die menschliche Seite, denn die Tiere werden durch die Nähe des großen Räubers auf zwei Beinen eher verängstigt und beunruhigt. Im Winter, wo sie ohnehin einen harten Überlebenskampf führen, können Störung und Flucht schnell böse Folgen für sie haben. Deshalb: aus der Ferne schauen, nicht zu nah rangehen, langsam bewegen, Dämmerung (Äsungszeiten) meiden, ausgewiesene Schutzgebiete einhalten!

STEINBOCK (*Capra ibex*): Eine reichlich große Ziegenart, weshalb die Weibchen auch Steingeiß geheißen werden. Genetisch ähnliche Arten gibt es auch in Äthiopien, Iberien, Sibirien, Syrien und dem Kaukasus. Der Alpensteinbock war um 1800 bis auf 100 Tiere im Gran-Paradiso-Gebiet ausgerottet; nach einem Wiederansiedlungsprogramm ist heute der Bestand mit rund 40 000 Stück gesichert – sie alle stammen von den Gran-Paradiso-Tieren ab. Die Geißen werden bis 40 Kilogramm schwer, die Böcke bis 100 Kilogramm; sie sind bis 150 Zentimeter lang und 90 Zentimeter hoch, das Geweih kann einen Meter lang werden. Die über 700 deutschen Tiere leben im Allgäu, in den Ammergauern, an der Benediktenwand, bei Bayrischzell und im Hagengebirge.

GAMS/GÄMSE (*Rupicapra rupicapra*): Das »Wildtier des Jahres« 2012 wird bis 130 Zentimeter lang, 85 Zentimeter hoch und 50 Kilogramm schwer und ist im Bestand gesichert – allein in Österreich müssen jährlich rund 20 000 Stück abgeschossen werden, um Waldverbiss zu vermeiden. Die geländegängigen Tiere fahren im Winter gern auf dem Hosenboden Schneehänge hinunter. Die Kitze können zwar schon ein bis zwei Stunden nach der Geburt gehen, müssen aber die legendäre → *Trittsicherheit* trotzdem erst noch üben. Den Gamsbart tragen die Tiere übrigens nicht am Kinn, sondern am Widerrist, der Rückseite des Halses.

MURMELTIER (*Marmota*): Die »Mankeis« sind eine Erdhörnchenart – Nagetiere, die bis 60 Zentimeter lang und 15 Jahre alt werden. Das Alpenmurmeltier lebt in Kolonien: Ein Elternpaar und die Nachkommen besiedeln einen Tunnelbau mit bis zu 70 Metern Ganglänge. Während sie sich im Sommer einen Ranzen anfressen, steht einer Wache und pfeift, wenn Feinde (Adler, Menschen) kommen; im Winter reichen ihnen die 1200 Gramm Körperfett für den Winterschlaf von sieben bis neun Monaten Dauer. Alte und kranke Tiere müssen draußen bleiben; wenn sie im Bau sterben, gefährden sonst ihre Kadaver das Überleben der Familie.

HASE (*Lepus timidus varronis*): Der Alpenschneehase tarnt sich im Winter, indem sich sein Fell weiß färbt. Seine Ohren sind kürzer als beim Feldhasen, weil sie stark durchblutet sind und zur Temperaturregulation dienen, also in der Kälte zu viel Energie verlieren würden. Er wird bis 60 Zentimeter lang und drei Kilogramm schwer.

HERMELIN (*Mustela erminea*): Auch das Hermelin trägt in Alpen-Revieren im Winter ein weißes Fell, während es im Sommer braun sein kann. Anders als der Hase aber ist es kein Nagetier, sondern ein Raubtier aus der Familie der Marder; es wird bis 30 Zentimeter lang und bis 360 Gramm schwer. Der bayerische Skandal- und Märchenkönig Ludwig II. ließ sich mit einem Hermelinmantel porträtieren.

ALPENSALAMANDER (*Salamandra atra*): Nach kräftigem Regen kann man auf Wanderwegen oberhalb von 1000 Metern oft die schwarzen

»Bergmanndl« beobachten, die bis zu 15 Zentimeter langen Alpensalamander, großartige Vorbilder für Entschleunigung. Aber auch für Reha: Verlorene Körperteile werden mehr oder weniger komplett wiedergebildet. Die Jungtiere kommen nach zwei bis drei Jahren Tragzeit lebend zur Welt.

BÄR (*Ursos arctos*), **WOLF** (*Canis lupus*) und **LUCHS** (*Lynx lynx*): Diese großen Beutegreifer, früher auch Raubtiere genannt, lebten einst verbreitet in den Alpen, wurden dann aber wegen Konkurrenz zur Viehzucht, wegen Angst und als Jagdtrophäen praktisch ausgerottet. Mittlerweile beginnen Wiederansiedlungsbemühungen langsam zu greifen, und es gibt wieder Einzeltiere oder Rudel, vor allem in den italienischen und in den französischen Alpen. Ängste sind unberechtigt: Bei normalem Verhalten gegenüber Wildtieren ziehen diese sich zurück. Tiere, die den Respektabstand nicht mehr einhalten, werden zum Abschuss freigegeben – wie etwa der »Problembär« Bruno 2006.

Tourenplanung

Oder ⦂ Gut geplant ist halb gegangen

81

Eine solide Tourenplanung gehört zu jeder bergsportlichen Unternehmung, auch zu leichten Bergwanderungen. Sie garantiert, dass das persönliche Können der Teilnehmer zu den Anforderungen der geplanten Tour und zu den aktuellen Verhältnissen passt, dass man die richtige Ausrüstung dabeihat und dank der gewählten Taktik in akzeptabler Zeit rauf-, runter- und wieder heimkommt.

Das »3x3« der richtigen Tourenplanung

Dazu hat sich das »Schema 3x3« des Schweizer Bergführers und »Lawinenpapstes« Werner Munter bewährt. Danach stellt man sich in den drei Planungsabschnitten »zu Hause«, »vor Ort« und »auf Tour« jeweils die wichtigen Fragen zu »Gelände« (Schwierigkeiten, Infrastruktur), »Verhältnissen« (Wetter, äußere Bedingungen) und »Mensch« (persönliches Können und Erfahrung, Tagesform, Gruppendynamik).

• »Zu Hause« wird grob abgestimmt, dass jedes Team-Mitglied der Tour souverän gewachsen ist und die Verhältnisse stimmen; man macht einen groben Zeitplan und legt die Ausrüstung fest. Infos aus Führerliteratur und dem Internet können dabei helfen. Wichtig ist, Alternativziele mit zu planen und Checkpunkte festzulegen, an denen man nach vorher besprochenen Kriterien entscheidet, ob man weitergehen darf oder auf Plan B wechseln muss.

- »Vor Ort«, also spätestens wenn am Ausgangspunkt das Tourenziel in Sicht kommt, prüft man, ob die Vorannahmen mit der Realität übereinstimmen oder ob schon Änderungen am Plan nötig sind.

- Dieser Abgleich wird »auf Tour« laufend gemacht und möglichst im Team besprochen. Dabei entscheidet das schwächste Gruppenmitglied, wie weit man gehen darf. Ideal sind Entscheidungen im Konsens; in Gefahrensituationen kann es sinnvoller sein, wenn das erfahrenste Teammitglied kompetent und rasch für alle entscheidet. Zur Tourenplanung gehört auch immer ein vernünftig aufgestellter Zeitplan, der auf Tour regelmäßig überprüft wird (→ *Gehzeiten*).

82 Tourenportale und -foren

Oder : Was du willst, das man dir sag',
schreib selber rein

Tourenplanung nur mit Führer und Karte wirkt im Internet-Zeitalter fast so antiquiert wie Schreiben mit der Schreibmaschine – das Web liefert eine riesige Menge an Informationen: digitale amtliche Kartenwerke, Luft- und Satellitenbilder wie etwa Google Earth, aktuelle Schnee- und Wetterdaten, amtliche und private Infos zu Wetter und Lawinenlage – und Beschreibungen, Berichte und Fotos zu Tourenverläufen und aktuellen Verhältnissen.

Die riesige Menge an Information ist aber auch der Pferdefuß: Für Laien ist es schwer, die Relevanz und Verlässlichkeit der Angaben zu beurteilen. Denn die Qualitätsmaßstäbe eines amtlichen Angebots oder eines professionellen Führerverlags gelten im Web nicht überall. Deshalb ist eine gewisse Grundskepsis angebracht. Vergleiche zwischen mehreren unterschiedlichen Quellen sind sinnvoll, und auf anspruchsvolleren Touren sollte immer eine gedruckte amtliche Karte dabei sein (➔ *Kartenlesen*).

Eine kleine Auswahl

Mit diesen Vorbehalten kann man das Angebot der Tourenportale und -foren nutzen. Eine kleine Auswahl von Seiten, die bei Erstellung dieses Buchs verwendet wurden:

- alpenverein.de: Der Internet-Auftritt des ➔ *DAV* mit aktuellen Meldungen und Services wie Bergwetter, Lawinenlageberichte, Hüttensuche, Kletterhallen- und Sektionensuche, Informationen zum Bergsport und Beiträgen aus dem Mitgliedermagazin »Panorama«.
- alpenvereinaktiv.com: Das Tourenportal der Alpenvereine von Deutschland, Österreich und Südtirol; vor allem die vielen Tausend Tourenbeschreibungen, die von Verantwortlichen aus den Sektionen beigesteuert wurden und das AV-Gütesiegel tragen, bieten wertvolle Informationen. Plus Informations-Forum über aktuelle Bedingungen.
- bergsteigen.com: Landkartengestützte Toureninfos, vor allem zu anspruchsvolleren Unternehmungen (Klettern, Hochtouren), dazu News, Foren und mehr.
- hikr.org: Von vielen fleißigen Bergfreunden (unterschiedlicher Kompetenz) zusammengetragene Infos, Beschreibungen und Fotos.

TIPP: Auf den Webseiten regionaler Tourismusorganisationen findet man oft gute Toureninformationen zu Wanderungen in den Mittelgebirgen.

Trittsicherheit

Oder ⁞ Souverän über Stock und Stein

83

Für viele (Berg-)Wanderungen ist Trittsicherheit notwendig. Was genau heißt aber »trittsicher sein«?

Auch ohne eindeutige Definition geht es darum, in unwegsamem ➔ *Gelände* sicher auf den Beinen zu sein, wenn Pfade oder Steige etwa durch Blockgelände (Schutthalden mit großen Steinen), Schrofen (steiles, felsiges, mit Gras und Geröll durchsetztes Gelände) oder steile Abhänge führen. Trittsicherheit hilft, Stürze infolge von Stolpern, Ausrutschen oder Umknicken (die häufigste Unfallursache in den Bergen) zu vermeiden und beruht auf folgenden Grundlagen:

- Realistisches Wahrnehmen und Einschätzen des jeweiligen Geländes und Untergrunds nach der Prämisse »Welche Tritte sind griffig und nutzbar?«, auf Geröll, Fels, Schrofen, Erde, Firn – auch bei Nässe.
- Gute Körperkoordination, um auf unebenem Untergrund kontrolliert gehen zu können, ohne das Gleichgewicht zu verlieren, und mit der Fähigkeit, einen kleinen Ausrutscher im nächsten Schritt auszugleichen.
- Erkennen von schwierigen, ausgesetzten Wegpassagen, in denen besonders sorgfältiges Gehen notwendig ist, um Stürze mit fatalen Folgen zu vermeiden.
- Richtiges Einschätzen der eigenen Kraftreserven bei körperlicher und geistiger Ermüdung und Anpassen des Gehtempos während einer langen Tour, besonders im Abstieg (grundsätzlich gilt: Überall, wo man hochgestiegen ist, sollte man auch wieder absteigen können!).

Grundlagen für stabiles und sicheres Treten

Trittsicherheit bezieht sich nicht auf Kletterfertigkeiten, auch nicht auf die oft im selben Zusammenhang genannte → *Schwindelfreiheit*. Sie ist begrenzt und »by doing« trainierbar, wobei gezielte Übungen zur Verlagerung des Gleichgewichts, zum Finden der Körpermitte und zur Standfestigkeit helfen – entsprechende Kurse bieten Alpenvereinssektionen und Bergschulen an.

Grundlage für stabiles und sicheres Treten ist eine möglichst waagerechte Trittfläche und die saubere Trittbelastung durch eine aufrechte Körperhaltung, die soliden Halt gibt. Die Füße werden möglichst mit hüftbreiter Beinstellung bei jedem Schritt präzise platziert und durch Verschiebung der Hüfte langsam belastet, was das typische »Wiegetritt-Gehen« der Bergbewohner

TRITTSICHERHEIT

imitiert (→ *Gehen*). Als Balancehilfe und zur Unterstützung der Auf- wie Abwärtsbewegung können → *Stöcke* helfen.

- Auf Wegen wählt man ebene Trittflächen wie solide Steine und meidet geröllige und matschige Stellen.
- Gras und Wiesen bilden manchmal kleine Absätze, auf denen man gut steht; gefährlich sind nasses, langes Gras und vom Winterschnee platt gedrückte Grashänge: Hier sorgt nur energisches Einkerben der Sohlenkante für mäßigen Halt – oder die Umgehung der Passage.
- In Geröllfeldern mit größeren Felsbrocken kann man die größten Steine wie Stufen nutzen, sie können aber auch instabil sein und kippen; prägnantes Auftreten schafft in feinem Schutt eine Art Stufe, die man sanft belastet.
- In weglosem Gelände steigt man in gleichmäßiger Linie in Serpentinen auf und nur in Ausnahmefällen senkrecht nach oben.

Unterkunft

Oder : Wo man sich bettet, da schläft man

84

Wer länger als einen Tag unterwegs ist, braucht ein Dach über dem Kopf, was im riesigen Angebot von Zimmern in Gasthöfen und Pensionen, von Ferienwohnungen, Campingplätzen und Hotels, Wanderheimen und Naturfreundehäusern, Talherbergen und Berghütten nicht so einfach auszuwählen ist. Je nach geplantem Wandertrip oder -urlaub benötigt man einen fixen Stützpunkt oder eine einmalige Unterkunft am Etappenort, die, wenn notwendig, rechtzeitig reserviert wird. Zerschlägt sich die Wanderung, gehört es sich, die reservierte Übernachtung abzusagen.

ALPENVEREINSHÜTTEN UND AV-VERTRAGSHÄUSER: Die Berghütten der → *Alpenvereine* – die meisten liegen in den Alpen, einige in den Mittelgebirgen – bieten Wanderern und Bergsteigern Schutz und Unterkunft, → *Hüttenwirte* sorgen für den Betrieb und die Bewirtung. Je nach Lage und Ausstattung gibt es mehrere Hüttenkategorien, und Alpenvereinsmitglieder genießen »Gegenrecht«, d. h., sie können zum vergünstigten AV-Preis auch auf den Hütten anderer AVs übernachten. Bei einer Hüttenwanderung oder einer Durchquerung sind Alpenvereinshütten die richtige Wahl; inzwischen bieten viele auch kleinere Zimmerlager an, was einer ruhigen Nachtruhe entgegenkommt. In den Ostalpen erhalten AV-Mitglieder in rund hundert privaten Alpenverein-Vertragshäusern vergünstigt Übernachtungspreise. Neben Alpenvereinshütten gibt es auch privat geführte Berghütten.

NATURFREUNDEHÄUSER: Mehr als 1000 von den → *Naturfreunden* betriebene Häuser gibt es weltweit, 400 in Deutschland. Die Palette ist bunt und reicht von Selbstversorgerhütten bis zu Naturfreundehotels, von Häusern am Meer bis zu Hochgebirgshütten. Der Natur-freunde-Philosophie ent-sprechend bieten sie viel Service, sind

als »Orte der Begegnung« offen für alle, familienfreundlich, ökologisch und nachhaltig, mit öffentlichen Verkehrsmitteln erreichbar und preiswert.

WANDERHEIME UND QUALITÄTSGASTGEBER: Die → *Wandervereine* führen in Deutschland etwa 150 Wanderheime, die auf Mehrtagestouren eine günstige Unterkunft in oft reizvoller Lage ermöglichen. Im Magazin »Ferienwandern« stellt der Deutsche Wanderverband jährlich für Wanderer geeignete Hotels, Gasthäuser und Pensionen vor. Die der Wanderverbands-Kampagne »Qualitätsgastgeber Wanderbares Deutschland« angeschlossenen Gastgeber haben sich auf die Bedürfnisse von Wanderern spezialisiert, bieten auch kurzfristig Übernachtungsmöglichkeiten für nur eine Nacht und wanderkundiges Personal mit Gebietskenntnissen.

WANDERHOTELS & CO.: Mehrere Hotel-Zusammenschlüsse haben sich aufs Wandern spezialisiert und offerieren den »perfekten« Wanderurlaub mit viel Service wie geführten Wanderungen, Informationen und Beratung, Ausrüstungsverleih und Lunchpaketen. Insbesondere in Österreich und Südtirol sind sie unter den Labeln »Wanderhotels« oder »Wanderspezialisten« zu finden.

ZELTEN UND CAMPEN: Wer weder Hotels noch Hütten mag, kann in Deutschland prinzipiell in der freien Landschaft zumindest eine Nacht verbringen – außer in Naturschutzgebieten oder wenn es spezielle Verordnungen verbieten. Bevor man sein Zelt aufbaut, sollte man die Erlaubnis des Grundeigentümers oder Pächters einholen. Ist der nicht zu finden, hilft der gesunde Menschenverstand: die direkte Nähe z. B. zu einer Hütte (ohne zu fragen) meiden, sich anständig aufführen, am nächsten Morgen den Lagerplatz abbauen und sauber verlassen.

Vögel der Alpen

Oder : Was fliegt denn da?

85

Gegenüber Vögeln in den Alpen gelten die gleichen Verhaltensregeln wie bei anderen Tieren: Abstand halten, nicht verängstigen, Schutzgebiete und -zeiten beachten.

ALPENDOHLE (*Pyrrhocorax graculus*): Die neugierigen Gipfelbesucher sind als Art bis in den Himalaya verbreitet und wurden am Mount Everest schon auf über 8200 Metern Höhe beobachtet. Sie können stundenlang im Aufwind segeln; im Sturzflug kommen sie bis auf 200 km/h. Sie fressen alles, was sie kriegen können – an viel besuchten Gipfeln auch mal aus der Hand. Wer sie aufdringlich findet, mag sich ein Vorbild nehmen: Sie bleiben treu und monogam, bis der Tod sie scheidet.

SCHNEEHUHN (*Lagopus muta*) und andere **RAUFUSSHÜHNER**: Das Alpenschneehuhn ist in Mitteleuropa ein Eiszeitrelikt, das in höheren Lagen den Winter übersteht, indem es sich schattseitig im Pulverschnee eine Schneehöhle gräbt (dafür braucht es nur 15 Sekunden) und tagsüber auf besonnten Südseiten Fressen sucht. Griffige Federn an den Füßen erleichtern wie Schneeschuhe das Gehen im Schnee und führten zum

Namen »Raufußhühner« – zu diesen gehören in den Alpen auch Birk-, Auer- und Haselhuhn (von hohen zu tieferen Verbreitungsgebieten sortiert); der Auerhahn ist für seine spektakulären Balztänze bekannt. Vor allem Winterbergsteiger sollten ausgewiesene Raufußhuhn-Ruhegebiete respektieren: denn wenn sie gestört werden, fliegen sie talab und müssen später mühsam zu Fuß zurückmarschieren.

KOLKRABE (*Corvus corax*): Mit einer Flügelspannweite von bis zu 130 Zentimetern ist der weltweit größte Singvogel mit breitem Lautrepertoire (u. a. Hundegebell) auch der größte Rabenvogel Europas. Bis 1940 war er fast ausgerottet, mittlerweile sind die Bestände wieder gesichert, trotzdem gilt in Deutschland ganzjährig Jagd-Schonzeit. Kolkraben sind ausgesprochen lernfähig, sehr erfinderisch beim Ergaunern von Futter, lassen sich im Schnee herunterrollen oder -rutschen und schlagen Riesenfelgen an Ästen. In den Alpen trifft man sie bis 2500 Meter Höhe, im Himalaya sogar bis 6000 Meter.

STEINADLER (*Aquila chrysaetos*): In der weitverzweigten Familie der Adlervögel ist der Steinadler einer der größten und der bekannteste Alpenbewohner. Die Weibchen wiegen bis zu sechs Kilogramm bei 230 Zentimetern Spannweite, die Männchen sind etwas kleiner. Sie können ausgezeichnet in der Thermik segeln, aber kaum aktiv fliegen; weht kein Wind, müssen sie zu Fuß watscheln. Deshalb schlagen sie ihre Beute am liebsten oberhalb des Horstes und segeln dann damit hangab. Hauptsächlich jagen sie kleinere Säugetiere, vom Wiesel über Murmeltiere bis zum Gams- oder Steinbockkitz, indem sie mit ihren kräftigen Krallen die Schädeldecke durchbohren. In Bayern und Tirol stehen Steinadler seit 1925 unter Jagdschutz; heute schätzt man den Bestand in den Alpen auf 1100 bis 1200 Brutpaare; weltweit gilt die Art als gesichert.

WANDERFALKE (*Falco peregrinus*): Wanderfalken gehören zu den größten Falken und sind als Felsbrüter die Charaktervögel der Mittelgebirge, dank ihrer Anpassungsfähigkeit inzwischen aber auch an zahlreichen

»Kunstfelsen« in Städten und Industrieanlagen anzutreffen. Die hochspezi-
alisierten Greifvögel jagen ihre Nahrung – kleinere und mittelgroße Vögel
bis Taubengröße – in spektakulären Sturzflügen mit Geschwindigkeiten
bis zu 140 Stundenkilometer im freien Luftraum. Bis in die 1960er-Jahre
ging der Bestand in Deutschland durch den Einsatz giftiger Pflanzen-
schutzmittel (DDT), Bejagung und Nesträuberei zurück. In den Mittelgebirgen waren Wanderfalken praktisch ausgestorben. Durch das Verbot
des Gifteinsatzes und Schutzmaßnahmen vor Brutstörungen erholen sich
die Bestände langsam wieder. Mittlerweile gibt es in fast allen Klettergebieten
bieten entsprechende Zonierungen oder Teilsperrungen, um brütende
Wanderfalken zu schützen.

Vogesen

Oder : Waldreicher Naturschatz mit »Ballons«

86

Die Vogesen bilden zusammen mit dem Pfälzer Wald eine etwa 8000 Quadratkilometer große Mittelgebirgsregion. Die tafelförmigen Nordvogesen
oder Sandsteinvogesen erreichen in Gipfeln wie dem Rocher de Mutzig
knapp über 1000 Meter Höhe, während die Südvogesen mit ihren rund-
kuppigen Bergen, den »Belchen« (frz.: Ballons) deutlich über 1300 Meter
aufragen.
Entstanden sind die Vogesen vor rund 50 Millionen Jahren durch tekto-
nische Anhebung, die ein gemeinsames Gebirge mit dem →*Schwarzwald*
entstehen ließ, welches der später entstandene Oberrheingraben wieder
trennte. Im Vergleich mit dem deutschen Nachbarn haben die Vogesen
stärkere Niederschläge, weil ihr in Nord-Süd-Richtung ausgerichteter
Kamm die feuchten Luftmassen vom Atlantik als erstes großes Hindernis
abfängt. Deshalb sind auch typische Relikte einstiger Vergletscherung wie
Kare mit ihren Karseen, z. B. dem Lac Blanc, zu finden.

Wilde Urtümlichkeit

Dass die Vogesen wilder sind als der Schwarzwald, zeigt auch der Unterschied in der Besiedelung: Im Schwarzwald gibt es Siedlungen bis in etwa
1000 Meter Höhe, in den Vogesen ist in diesen Höhen nur →*Almwirt-*

schaft üblich. Auch forstwirtschaftlich können die steilen Vogesenhänge weniger genutzt werden, weshalb die ursprünglichen Wälder mit vielen alten Bäumen einen echten Naturschatz bilden.

Im Winter suchen vor allem Wintersportler aus den Beneluxländern die Vogesen zum Skifahren oder Langlaufen auf, im Sommer kommen Wanderer auf ihre Kosten, besonders auf den gepflegten Wegen in den zwei Vogesen-Naturparks.

Der 1975 gegründete Regionale Naturpark Nordvogesen umfasst 113 Gemeinden, meist kleine Dörfer mit wenigen Dutzend Einwohnern, und Lebensräume mit reichhaltiger Flora und Fauna, dichten Wäldern, tiefen Tälern, dem Hochrheintal und dem elsässischen Weinanbaugebiet »Piemont des Vosges«. Zusammen mit dem Naturpark Pfälzer Wald wurde der Naturpark Nordvogesen zum ersten grenzüberschreitenden Biosphärenreservat Europas erklärt.

Der regionale Naturpark der Vogesen-Belchen (frz. Ballons des Vosges) in den südlichen Vogesen entstand 1989. Dort bestimmen Torfmoore, Buchen-, Eichenmisch- und Tannenwälder, Hoch-Almen, kalkreiche Wiesen, Wasserläufe und Seen das Landschaftsbild, das sich über die Vogesenkammstraße/Route des Crêtes erschließen lässt. Bis hin zum höchsten Vogesengipfel, dem Großen Belchen/Grand Ballon (1424 m), der von dort leicht zu erwandern ist. Startet man dagegen im Weinbauort Guebwiler, hat man eine anständige Tour mit eindrucksvollen 1400 Höhenmetern Aufstieg vor sich, verteilt auf 22 Kilometer Strecke.

Vogesen-Wander-Highlight mit alpinem Touch

Der »Felsenweg/Sentier des Roches« am Col de la Schlucht bietet ein klassisches Vogesen-Wander-Highlight mit alpinem Touch. Die anspruchsvollen Passagen führen über Geröllfelder und Treppen – teilweise gesichert mit Drahtseilen oder Stangen – zum Krappenfels (965 m), mit herrlichen Ausblicken auf Gipfel und Täler. Danach kann man zur Ferme Auberge (= Alm) Trois Fours weiterwandern oder zur Ferme Auberge Frankenthal, wo der steile Aufstieg zum Hohneck (1363 m) anschließt. Im Umkreis der Kammstraße findet man weitere lohnende Wanderungen, ebenso im Munstertal mit seinem 350-Kilometer-Wegenetz.

Volkswandern

87

Oder ⋮ Organisiert und trotzdem individuell
wandern

Volkswandertage oder Volksmärsche kamen ab den 1970er-Jahren in Mode und finden bis heute großen Anklang auf jährlich über 800 Wandertagen, die der Deutsche Volkssportverband (DVV) veranstaltet. Dahinter steckt die Volkssportbewegung, die Sport ohne Sollzeiten, Zeitmessung und Klasseneinteilung, Gewinner und Verlierer betreiben möchte. Im Vordergrund stehen die Gesundheit und die Freude an der sportlichen Betätigung in der freien Natur nach dem Motto »dabei sein ist alles«.

In Abgrenzung zum leistungsorientierten Freizeitsport, der sich ab den 1960er-Jahren etablierte, wurde 1968 der Internationale Volkssportverband (IVV) gegründet, dem heute mehr als 40 Länder angehören. Der deutsche Zweig DVV ist seit 1970 aktiv und zählt inzwischen über 1000 Vereine und Organisationen, die neben einem umfangreichen Wanderprogramm auch Radsport- und Schwimmprogramme veranstalten.

Gesellig unterwegs auf permanenten Wanderwegen

DVV-Wandertage finden meist am Wochenende statt und kosten eine bescheidene Startgebühr von 2 Euro, für die man ein Erfrischungsgetränk und eine Unfallversicherung erhält – und auf eine organisierte Rundwanderung von 5, 10, 20, manchmal auch 42 bzw. 50 Kilometer gehen kann. Jeder startet innerhalb eines großzügigen Zeitfensters und wandert im persönlichen Wohlfühltempo. Unterwegs gibt es Verpflegungsstellen mit Stempeln zum Nachweis für die absolvierte Strecke (für diejenigen wichtig, die das Internationale Volkssportabzeichen erwerben wollen).

Nach der Wanderung trifft man sich meist in geselliger Runde. Der DVV und seine Vereine haben in Deutschland mehrere Hundert Wanderwege eingerichtet und verfolgen auch die Idee der »Permanenten Wanderwege«: Das sind Rundwege in besonders reizvollen Gegenden mit Streckenlängen zwischen 5 und 42 Kilometern, die als Ergänzung zu den Volkssportveranstaltungen meist ganzjährig individuell erwandert werden können.

88 Wald

Oder : Multifunktionelles Ökosystem,
: das allen nutzt

Die meisten Menschen sind gern im Wald. Die durch die Bäume gefilterte saubere Luft tut gut, die natürlichen Gerüche und das kühlere Waldklima wirken angenehm, stressige Geräuschkulissen sind gedämpft, Vogelgezwitscher oder Waldesrauschen beruhigen. Wald wirkt positiv auf die menschliche Psyche, lenkt ab, bringt Entspannung und Inspiration, und sein Wege- und Forststraßennetz wird beim Wandern selbstverständlich genutzt.

Äußerst produktive Ökosysteme

Wälder sind stabile, langlebige, komplexe und dank optimaler Ressourcennutzung äußerst produktive → *Ökosysteme*, die sich selbst regulieren. Nach den Ozeanen haben sie den wichtigsten Einfluss auf das globale Klima. Sie produzieren Sauerstoff, speichern Kohlenstoff und bilden mit ihrem Artenreichtum einen Genpool von unschätzbarem Wert.

Die Bedeutung der Wälder mit ihrer positiven Wirkung auf die Landschaft, auf Boden, Wasser und Luft, auf Menschen, Tier- und Pflanzenwelt

rückt umso stärker ins Bewusstsein, je mehr sie unter Druck stehen durch knapper werdende Flächen, vermehrten Trinkwasser- und Holzbedarf, erhöhte Umweltbelastung und steigendes Erholungsbedürfnis. Die vielfältigen Nutz-, Schutz- und Erholungsfunktionen der Wälder sind unbestritten, doch Siedlungen rücken immer näher an sie heran – täglich werden in Deutschland mehr als 100 Hektar Fläche durch Baumaßnahmen versiegelt –, Lebensräume für Tiere und Pflanzen verkleinern sich ständig, sodass trotz vieler Gesetze die Artenvielfalt bedroht ist.

Artenreiche Urwälder

Die größte Artenvielfalt weisen Urwälder auf, vom Menschen unbeeinflusste Waldökosysteme mit natürlicher Dynamik. Doch die sind weltweit auf dem Rückzug, betragen in Europa gerade mal noch etwa sechs Prozent aller Waldflächen und sind in Deutschland komplett verschwunden. Urwaldähnliche Laubmischwälder oder »Urwaldverdachtsflächen« geringer Größe beschränken sich bei uns vor allem auf die → *Nationalparks* im Bayerischen Wald, Harz, Kellerwald-Edersee oder Hainich, wo sich Wald wieder natürlich entwickeln kann. In den niederösterreichischen Alpen bewahrt das 3500 Hektar große Wildnisgebiet Dürrenstein, Mitteleuropas größtes Urwaldgebiet, und der oberösterreichische Nationalpark Kalkalpen hat sich zum Ziel gesetzt, seine Kernzone wieder zur Waldwildnis werden zu lassen, die man auf Wildniswanderungen erleben kann.
Der folgende kleine »Waldknigge« hilft, unsere Wälder nicht zusätzlich zu belasten und ihre Erholungsfunktion zu sichern.

Kaum zu glauben

Der Rohstoff Holz ist vielseitig, wächst nach und lässt sich umweltfreundlich erzeugen. In Deutschland werden jedes Jahr etwa 57 Mio. Festmeter (= Kubikmeter) nachhaltig erzeugt. Die jährliche Einschlagsmenge beträgt etwa 40 Mio. Festmeter, der Holzbedarf der Wirtschaft liegt pro Jahr bei über 90 Mio. Festmeter.

Der »Waldknigge«

- Spaziergänger, Jogger oder Wanderer können sich frei im Wald bewegen, eingezäunte Forstkulturen und bepflanzte Flächen sollten jedoch nicht betreten werden.
- Radfahren und Mountainbiken ist auf allen Fahrwegen im Wald gestattet, in Schutzgebieten kann es abweichende Gebote/Verbote geben.

- Hunde sind an der Leine zu halten, nach Bundes- und Länder-Waldgesetzen herrscht für bestimmte Zeiten Leinenzwang.
- Autos und Motorräder bleiben draußen, wenn keine Genehmigung des Forstamts vorliegt. Parken nur auf den ausgewiesenen Parkplätzen.
- Schon ein kleiner Funke einer Zigarette kann zum Waldbrand führen. Deshalb darf man nur auf den ausgewiesenen Plätzen Feuer machen; vom 1. März bis 31. Oktober ist Rauchen im Wald nicht gestattet.
- Jagdliche Einrichtungen wie Hochsitze dürfen schon aus Sicherheitsgründen nicht betreten werden.

Außerdem sollte man beachten: Bei Gewitter und Sturm den Wald verlassen, keine zutraulichen Wildtiere anfassen (Tollwutgefahr), Waldfrüchte und Pflanzen nicht roh essen (Infektionsgefahr durch den Fuchsbandwurm), keine forstlichen Absperrungen umgehen (Lebensgefahr durch Fällarbeiten), auf Zeckenbisse achten (mögliche Infektion mit Borreliose und FSME). Wer diese wenigen Regeln einhält und grundsätzlich Rücksicht nimmt, ermöglicht sich und anderen Waldbesuchern einen schönen Aufenthalt im Wald.

89 Wanderführer

Oder : Mit ausgebildeten Experten unterwegs

Um Anregungen zu bekommen oder Touren zu planen, bieten sich gedruckte Wanderführer an (→ *Lesestoff*). Wer sich nicht selbst um die Planung kümmern will oder kann, ist mit organisierten Wanderungen gut beraten, die bundesweit etwa 3000 Wanderführerinnen und Wanderführer aus Fleisch und Blut für die deutschen Gebirgs- und → *Wandervereine* anbieten und durchführen. Dem voraus geht eine Ausbildung mit Zertifikats-Abschluss, die seit 2011 nach einem einheitlichen Rahmenausbildungsplan abläuft und damit die Qualität und Weiterentwicklung der Ausbildung sichern soll. Nach erfolgreicher Prüfung sind die Teilnehmer zertifizierte Wanderführer und »Natur- und Landschaftsführer«, was der Kooperation des → *Deutschen Wanderverbands* mit dem bundesweiten Arbeitskreis der staatlich getragenen Bildungsstätten im Natur- und Umweltschutz (BANU) zu verdanken ist.

Der Wanderführerlehrgang umfasst 80 Ausbildungsstunden und behandelt ein breites Themenspektrum: Wanderplanung – Gehzeitberechnung, Wetterkunde, Recht- und Versicherung, Orientierung – Karte, Kompass, GPS, Natur und Kultur – Geschichte, Geologie, Ökologie, Naturräume, Naturschutz, Naturerleben – Kommunikation, Tourismus, Marketing, Natur- und Erlebnispädagogik. Ausgebildete Wanderführer können in ihren Vereinen und Ortsgruppen wiederum selbst ausbilden.

Zertifizierte Ausbildung

Im Verband Deutscher Berg- und Skiführer (VDBS) kann man sich seit einigen Jahren zum international anerkannten VDBS-Bergwanderführer qualifizieren. Die Ausbildung umfasst 41 Ausbildungstage, aufgeteilt auf fünf Lehrgänge, ein Sommerpraktikum und ein Winterpraktikum und wird mit einer Abschlussprüfung abgeschlossen. Im Anschluss besteht die Möglichkeit, zum »International Mountain Leader« upzugraden. Dazu müssen ein 20-tägiges Praktikum bei einer Bergschule sowie eine Abschlussausbildung absolviert werden.
Innerhalb seiner umfassenden Trainer-Ausbildungen im Bergsport bildet auch der → *DAV* Wanderleiter aus, ebenso tun das die → *Naturfreunde*. Und einige Landesverbände des Deutschen Turnerbunds bieten die Ausbildung zur/zum »Trainerin/Trainer C Breitensport Wandern« an. Diese Ausbildung ist vom Deutschen Olympischen Sportbund DOSB anerkannt.

Wanderlust

Oder : Ein echter Evergreen

90

Wer kennt nicht das zum klassischen → *Liedgut* zählende Volkslied »Das Wandern ist des Müllers Lust« des Dichters Wilhelm Müller (1794–1827), vertont von Franz Schubert (1797–1828)? »Das kann kein rechter Müller sein, dem niemals fiel das Wandern ein«, geht es weiter und zielt eher auf die Wanderjahre (→ *Nomadentum und Walz*) ab als auf die heute so beliebte Freizeitbeschäftigung → *Wandern*.

Das Wort »Wanderlust« gab es schon im Mittelhochdeutschen; im neuzeitlichen Deutsch prägte die Romantik den Begriff und meinte damit das stete Unterwegssein, die Freude, sich auf »Schusters Rappen« die Natur und die Welt zu erwandern. Caspar David Friedrich (1774–1840) setzte dies in ausdrucksstarken Bildern um – besonders berühmt ist sein Selbstporträt »Wanderer über dem Nebelmeer« –, und Joseph von Eichendorff (1788–1857) dichtete in seinen Studentenliedern »Wandern, ja Wandern ist meine Lust«.

Nach 1900 machten die → *Wandervereine* inklusive des → *Wandervogels* die Wanderlust so populär, dass sie als Germanismus, also als feststehender Begriff für Fernweh, ins Englische, Italienische, Dänische oder Irische einfloss.

Beileibe keine »olle Kamelle«, taucht sie 2004 im Refrain des Beat-Songs »Wanderlust« der US-Rock-Band R.E.M. auf: *I got my signals crossed | It's overwhelming because | I'm all alone and I can't get back, | get back with my wanderlust*. Sie schmückt das Cover des englischen »Wanderlust travel magazines«, gab 2012 der Filmkomödie »Wanderlust – Der Trip ihres Lebens« mit Jennifer Aniston und Paul Rudd (Regie: David Wain) und 2013 der »darc erotic novel« von Skye Warren den Titel. 2014 nannte die

britische Sängerin Sophie Ellis-Bextor ihre neue CD »Wanderlust«. Und auch im Deutschsprachigen findet sich ausreichend → *Lesestoff*, wenn das Wetter zu schlecht ist, um selbst seiner Wanderlust zu frönen: in der 2012 erschienenen Anthologie »Wanderlust – ein Lesebuch« oder im gleichnamigen Magazin. Die Lektüre kann man sich ja mit einem Kännchen »Wanderlust-Tee« versüßen.

Wandern

91

Oder : Was die Deutschen draußen
: am liebsten tun

Über »die neue Lust am Wandern« wird viel gesprochen und geschrieben. Tatsächlich ist Wandern eine der gefragtesten Freizeitaktivitäten in Deutschland (und im westlichen Europa), spricht alle Gesellschaftsschichten an – und hat sich seit etwa 20 Jahren deutlich verjüngt: Eine Befragung der Sporthochschule Köln ergab, dass der deutsche Durchschnittswanderer derzeit 42 Jahre alt ist.

Früher war das Wandern eine verbreitete Reiseart, um Arbeit zu suchen, Handel oder Forschung zu treiben (→ *Nomadentum und Walz*). Was es heute ist, versucht der → *Deutsche Wanderverband* wie folgt zu definieren: »Wandern ist Gehen in der Landschaft. Es handelt sich um eine Freizeitaktivität mit unterschiedlich starker körperlicher Anforderung, die das mentale wie physische Wohlbefinden fördert. Charakteristisch für eine Wanderung sind eine Dauer von mehr als einer Stunde, eine entsprechende Planung, die Nutzung spezifischer Infrastruktur sowie eine angepasste Ausrüstung.« Ob nun ein gut einstündiges Gehen schon Wandern ist oder (eher) noch Spazierengehen, sei dahingestellt.

Beliebtester Outdoorsport der Deutschen

Auf jeden Fall spricht die Freizeitbeschäftigung Wandern immer mehr Menschen an – laut der u. a. von der Ostfalia Hochschule für angewandte Wissenschaften in Salzgitter erhobenen Studie »Der deutsche Wandermarkt 2014« sind 69 Prozent der deutschsprachigen Bevölkerung aktive Wanderer. Warum aber erlebt das Wandern, das über viele Jahrzehnte eher als altbacken galt, eine solche Renaissance und ist inzwischen der »beliebteste Outdoorsport der Deutschen«?

Wandern geht leicht, in jedem Alter, immer und fast überall – im Prinzip kann man vor der Haustüre starten. Es braucht keine besonderen Fähigkeiten und lässt sich nach den individuellen Bedürfnissen gestalten. Wandern ist unglaublich vielseitig: vom Wattwandern an der See bis zur Gipfeltour auf die → *Zugspitze*, vom beschaulichen Halbtagesausflug im Naherholungsgebiet über Tages- und Wochenendwanderungen bis zur anspruchsvollen Fernwanderung in den Mittelgebirgen oder einer Alpenüberquerung reicht die Palette, aus der man allein, mit dem Partner, mit Freunden oder organisierten Gruppen wählen kann.

Ein Ausstieg auf Zeit

Wandern fördert das »mentale wie physische Wohlbefinden«, weil es ein perfekter Ausgleich ist zur sich immer schneller drehenden Alltagswelt mit ihrer Digital-Versessenheit, der man sich kaum entziehen kann. Es vermittelt uralte menschliche Grunderfahrungen wie Aufbrechen, Unterwegssein, Ankommen, Anstrengung und Rasten, bietet analoge soziale Kontakte und Geselligkeit in Realzeit, macht zufrieden ohne Smartphone-Daumenkino und Tablet-Wischen, Facebook-Platitüden, Insta-Stories und Twitter-Gezwitscher.

Wandern ist eine einfache und wirksame Therapie für überlastete Sinne. Die langsame Bewegungsform nimmt Tempo raus, reduziert unsere Bedürfnisse auf wenige wesentliche Dinge und lässt als sanfte Betätigung in der Natur deren Schönheit und Vielfalt ebenso erleben wie die Reaktion der eigenen, inneren Natur darauf. Wandernd hat man die Chance, Körper und Geist in Einklang zu bringen und auf sehr elementare und moderate Art zu trainieren.

Die Kombination von äußeren und inneren Wander-Motiven belegen auch die in der oben genannten Untersuchung geäußerten Motivlagen: Den vier äußeren Motiven »Natur erleben«, »sich bewegen/aktiv sein«, »etwas für die Gesundheit tun« und »eine Region erleben« folgen vier nach innen gerichtete Motivationen: »Stress abbauen«, »frische Kraft sammeln«, »zu sich selber finden« und »auf sich selbst besinnen«.

Wandern ist also ein Ausstieg auf Zeit mit maximaler Wirkung bei moderatem Einsatz, der auch noch Spaß macht. Auch deshalb, weil wir in spektakulären, einzigartigen Landschaften wandern, die keineswegs immer nur Berglandschaften sein müssen – Flach- und Seenlandschaften sind mittlerweile echte Alternativen.

Tipps für Wander-Einsteiger

- Dieses Buch ausgiebig lesen, damit man theoretisch aufgeschlaut ist und schon mal mitreden kann.
- Wenig Trainierte sollten langsam beginnen. Im Zweifel schützt ein Pulsfrequenzmesser vor zu hoher Intensität (nicht über 120).
- Gute Planung und Vorbereitung vermeiden unangenehme Überraschungen – also vorab mit der Strecke, Schwierigkeit, Wegbeschaffenheit befassen (→ *Tourenplanung*) und → *Wetterinfos* einholen.
- Das Naturerlebnis in den Vordergrund stellen, nicht die Leistung: die Landschaft genießen, frische Luft atmen, Vogelgezwitscher und das Rauschen der Blätter hören – und Spaß haben.
- Bei hohem Körpergewicht oder Problemen mit den Kniegelenken besser erst einmal im Flachland oder mäßig bergauf wandern und bergab eine Seilbahn nutzen (→ *Aufstiegshilfe*).
- Stabile → *Stöcke* helfen, Gewicht von den Gelenken zu nehmen und auch die Arme/Schultern zu trainieren.
- Regelmäßig, idealerweise jeden zweiten Tag, zumindest eine Stunde im Freien bewegen, am Wochenende oder im Urlaub ausgiebiger wandern.
- Auf die Ernährung achten: Apfelschorle und Obst/Gemüse statt zuckerhaltiger Getränke und wenig nahrhafter Weißmehlprodukte mitnehmen (→ *Brotzeit*).

Wanderschuhe

Oder ⋮ Die Kunst, die richtigen zu finden

92

Der ideale Wanderschuh muss viele Funktionen erfüllen: Bequem soll er sein, strapazierfähig, stabil mit einer griffigen, rutschfesten Gummi-Profilsohle, leicht und mit guter Dämpfung, atmungsaktiv und wasserabweisend – und natürlich muss er möglichst optimal passen, denn sonst gibt es schmerzhafte → *Blasen*.

Die Wahl des richtigen Schuhs aus einem riesigen Angebot ist eine echte Aufgabe, zumal seit einigen Jahren neben den »traditionellen« knöchelhohen Wanderstiefeln auch Outdoor-Halbschuhe mit knöchelfreiem Schaft im Angebot sind. Je nach Einsatzbereich eignet sich die eine oder andere Variante besser.

Schuhe für jeden Einsatz

Die flach geschnittenen Multifunktions-Halbschuhe aus Synthetik-Gewebe sind oft mit Funktionsmembranen ausgerüstet, echte Leichtgewichte, bieten ein angenehm-freies Tragegefühl, viel Bewegungsfreiheit und geben dank profilierter Gummisohle mit verstärktem Rand und stabilem Bodenaufbau auch auf unebenem Untergrund ausreichend Halt. Sie setzen ein kräftiges Fußgelenk voraus und können die Knöchel nicht vor Schlägen und Stößen oder Umknicken schützen. Ihr Einsatzspektrum reicht von einfachen Wanderungen im Flachland bis zu Tages- oder Wochenendtouren im Mittelgebirge und den Voralpen mit wenig Gepäck – oder zum Speedhiking bzw. Trailrunning.

Auf längeren Touren mit schwererem Rucksack oder auf anspruchsvolleren Bergwanderungen sind klassische Wander- oder Trekkingstiefel von Vorteil. Ihr über die Knöchel reichender Schaft stabilisiert die Gelenke und schützt vor dem Anschlagen auf felsigen Steigen oder im Geröll. Die tief eingekerbte Profilsohle ist oft selbstreinigend und fester und verwindungssteifer, was jedoch häufig auf Kosten des Tragekomforts geht.

Leder oder Synthetik?

Bei Wanderstiefeln stellt sich die Frage nach dem Material: Leder oder Synthetik, mit oder ohne Membran. Lederschuhe bieten einen hohen Tragekomfort und halten bei richtiger Pflege über Jahre. Regelmäßiges Wachsen des Oberleders macht die Schuhe zumindest wasserabweisend. Wanderschuhe aus Synthetik-Gewebe sind meist leichter, das Gewebe ist luftiger, flexibler und trocknet viel schneller als Leder. Membranen machen Wanderschuhe wasserdicht. Doch auch die atmungsaktivste Membran verhindert nicht das Schwitzen und möglicherweise unangenehm heiße Füße.

Zum Wanderschuh passende Funktionssocken sind wichtig. Sie sind meist aus Wolle, Mischgewebe oder synthetischen Materialien, an den relevanten Zonen gut gepolstert und beugen Druckstellen vor.

Da sich das Volumen und die Größe des Fußes während einer Wanderung verändern, sollte die Schuhgröße nicht zu knapp bemessen sein – neue

Schuhe also mit Wandersocken im Fachhandel ausgiebig probieren, auf guten Fersensitz achten und genügend Platz vor dem großen Zeh berücksichtigen.

Wandervereine

Oder : Gemeinsames Wandern in der Region

93

Viele deutsche Wandervereine entstanden während der Wanderbewegung um 1900. Dem 1864 gegründeten ältesten Verein, dem Badischen Schwarzwaldverein (heute Schwarzwaldverein), und dem Taunusklub 1868 folgten weitere Wandervereine mit dem Zweck, den entstehenden Tourismus in Deutschland zu fördern. Neben Verkehrserleichterungen für ihre Mitglieder formulierten einzelne Vereine auch das Ziel, ihre strukturschwachen Regionen und damit die notleidende Bevölkerung zu stärken. Wege wurden angelegt, ausgebaut und markiert, gemeinsame Wanderungen unternommen, Wanderführer herausgegeben, wanderfreundliche Gasthöfe empfohlen – und schon 1900 auch der »Schutz der Naturschönheiten« als Ziel formuliert. 1908 nannte sich der 1883 gegründete Dachverband der Wandervereine in »Verband Deutscher Gebirgs- und Wandervereine« um. So heißt er bis heute, führt aber seit 2006 auch den Kurznamen → *Deutscher Wanderverband*.

Kaum zu glauben

Ohne ehrenamtliches Engagement geht nichts: So erhob der Deutsche Wanderverband 7 Mio. geleistete Ehrenamtsstunden über alle Vereinsaktivitäten, davon 1 Mio. für den Naturschutz!
20 000 ehrenamtliche Wegewarte betreuen mehr als 200 000 km Wanderwege, und über
3000 → *Wanderführer* bieten Wanderungen an.

Interessensverband der Wanderer

Fast alle Wandervereine beziehen sich auf ein Mittelgebirge oder eine andere regionale Landschaft – im Gegensatz zum Deutschen Alpenverein → *DAV*, der hauptsächlich in den Ostalpen aktiv ist. Wandervereine bieten ihren Mitgliedern regelmäßig geführte Wanderungen an, unterhalten Hütten, pflegen und markieren Wege und Steige und veranstalten Vorträge, z. B. zu relevanten Gesundheitsthemen.

Die mehr als 3000 lokalen deutschen Wandervereine sind als
Ortsgruppen oder Zweigvereine
in 57 überregionalen Gebiets-
vereinen im ganzen Bun-
desgebiet organisiert: vom
Wanderverband Mecklen-
burg-Vorpommern (2007

gegründet, mit etwa 300 Mitgliedern in sechs Vereinen wohl der kleinste
Gebietsverein) bis zum Schwäbischen Albverein (1888 gegründet, mit über
90 000 Mitgliedern in über 500 Ortsgruppen der größte deutsche Wan-
derverein), vom Erzgebirgsverein (1883 gegründet, mit etwa 3200 Mitgliedern in 51 Zweigvereinen) bis zum Eifelverein (1888 gegründet, mit
23 000 Mitgliedern in weit über 100 Ortsgruppen). Die Gebietsvereine
verfolgen in neun Landesverbänden oder Landesarbeitsgemeinschaften die
Interessen der Wanderer auch auf landespolitischer Ebene, u. a. als anerkannte Naturschutzverbände, die zu Bauvorhaben, Industrieansiedlungen
und anderen Eingriffen in die Natur gehört werden.

94 Wandervogel

Oder : Wo die Jugend in Fahrt kam

1901 als »Wandervogel-Ausschuss für Schülerfahrten e. V.« in Steglitz bei
Berlin gegründet, organisierten sich im Wandervogel meist jugendliche
Schüler und Studenten, die den industrialisierten Städten und gesellschaft-
lichen Zwängen der wilhelminischen Gesellschaft entfliehen wollten. An-
geregt durch die Ideale der Romantik entwickelten die Wandervögel eine
jugendspezifische Lebensweise in freier Natur und wurden zur Keimzelle
der Jugendbewegung, aus der auch die Pfadfinder, das Jugendherbergswerk
und die Reformpädagogik hervorgingen.
Schnell bildeten sich verschiedene Wandervogel-Bünde, ab 1905 auch
Mädchen-Bünde, die einen naturnahen Lebensstil in Selbstverantwortung
und Bewegung mit kleinen und großen Wanderfahrten, einfachem La-
gerleben, Volkstanz und -musik führten (in der Wandervogelbewegung
entstand 1909 der »Zupfgeigenhansl«, eines der bekanntesten und ein-

flussreichsten deutschen Volksliederbücher, → *Liedgut*). In den folgenden Jahrzehnten kam es zu vielen Abspaltungen und Neugründungen mit unterschiedlichen Schwerpunkten. Die heute existierenden Bünde sind selbstständig, voneinander unabhängig, fühlen sich der Wandervogeltradition verbunden und gehen nach wie vor auf Fahrt – wie viele andere Jugendverbände und -organisationen auch, für die die ersten Wandervögel den Weg gebahnt haben.

Watzmann

Oder : Wann dei Zeit kommt, nachad holt er di

95

Neben der → *Zugspitze* ist kein anderer Berg der Bayerischen Alpen so bekannt wie der Watzmann, der mitten im 1978 gegründeten Nationalpark Berchtesgaden liegt. Legenden ranken sich um das magische Massiv, dessen Gipfel in unverkennbarer Reihe über dem Berchtesgadener Land thronen – Großer Watzmann, Watzmannkinder und Kleiner Watzmann. Letzterer ist der Sage nach die Gattin des grausamen Königs Waze oder Wazemann gewesen, den Gott seiner schrecklichen Untaten wegen vor langer Zeit mitsamt Gemahlin und Nachwuchs zu Stein verwandelte.

Blickt man von Norden auf die berühmte Watzmann-Familie, wird man sich ihrer Ausstrahlung kaum entziehen können und dem Wahrzeichen der Region aufs königliche Haupt steigen wollen.

Watzmann-Luft schnuppern

Von den drei üblichen Routen auf die Watzmanngipfel eignet sich die leichteste (rot) auch für »normale« Bergwanderer: Von der Wimbachbrücke zwischen Berchtesgaden und der Ramsau wandern sie über die Stubenalm zur Mitterkaser-Diensthütte und zur bewirtschafteten Mitterkaseralm. Dann geht es über die Falzalm zum Falzköpfl und weiter zum Watzmannhaus (1915 m).

Mehr als hundert Jahre steht das Schutzhaus schon auf seinem Logenplatz und gehört bald ebenso lange zu den größten und am meisten besuchten bayerischen Alpenvereinshütten. Heute finden über 200 Personen Platz, was aber bei bis zu 8000 Übernachtungen in Spitzenjahren Engpässe nicht verhindert. Eine Reservierung ist also dringend empfohlen, und wer ausweichen kann, sollte schöne Wochenenden meiden.

Der gut markierte Steig zum nördlichsten Gipfel des Großen Watzmann, dem Hocheck, ist nicht zu verfehlen. Über die Hocheck-Schulter und den »Hochstieg« erreicht man den Gipfel mit der kleinen Unterstandshütte und kann auf 2651 Metern Watzmann-Luft schnuppern.

Watzmann-Überschreitung

Vom Hocheck schließt sich die Gratüberschreitung über Watzmann-Mittelspitze und -Südspitze an, eine ausgesprochen schöne, anspruchsvolle Bergtour (schwarz, I, KS A) für erfahrene, ausdauernde und klettergewandte Bergsteiger. Hauptsächlich westseitig der Gratschneide geht es oft sehr ausgesetzt über den Grat, wobei Drahtseile die schwierigsten Passagen absichern. Vom höchsten Watzmann-Punkt, der Mittelspitze (2713 m), blickt man spektakulär ins Watzmannkar, zu den Watzmannkindern und in die Watzmann-Ostwand. In stetem Auf und Ab steigt man weiter zur Südspitze (2712 m) und über den anspruchsvollen Steilabstieg ins Wimbachgries, was Ausdauer, Trittsicherheit und Konzentration bis zum letzten Meter fordert.

Dann folgt der weite Talhatscher über die Wimbachgrieshütte (1326 m) der → *Naturfreunde* zur Wimbachbrücke. 11–13 Stunden sind für die mehr als 2200 Höhenmeter über die drei Watzmann-Gipfel zu veranschlagen.

Watzmann-Ostwand

Viel vom Watzmann-Mythos ist seiner berühmt-berüchtigten Ostwand zu verdanken, die vom fjordartigen Königssee bis zur Südspitze beeindruckende 1800 Meter Höhe misst und damit die längste durchgehende Felswand der Ostalpen ist. Am 6. Juni 1881 konnte der »Kederbacher« genannte Bergführer Johann Grill aus Ramsau die riesige, zergliederte Wand nach langer Vorbereitung zusammen mit dem Wiener Bergsteiger Otto Schück das erste Mal durchsteigen.

Bis heute machen auf dem Kederbacher-Weg Kletterschwierigkeiten bis IV−, eingelagerte Schneefelder, der enorme Höhenunterschied und die anspruchsvolle Wegfindung Ostwand-Aspiranten zu schaffen: Eine Durchsteigung, selbst auf dem etwas leichteren Berchtesgadener Weg (III+), ist und bleibt ein ernstzunehmendes Unternehmen, das man am besten in Begleitung eines staatlich geprüften Bergführers anpackt. Nicht zufällig haben bislang mehr als 100 Bergsteiger in der gewaltigen Wand ihr Leben verloren.

Kaum zu glauben

Heinz Zembsch, langjähriger Bergführer aus Bischofswiesen in der Ramsau, hat ein besonderes Verhältnis zum Watzmann. Mit 70 Jahren stellte der »Hausmeister der Watzmann-Ostwand« am 14. September 2013 einen außergewöhnlichen Rekord auf: Er konnte die Ostwand zum 400. Mal durchsteigen!

»Der Watzmann ruft«

»Groß und mächtig, schicksalsträchtig« ist der Watzmann nicht erst seit 1972, als die drei österreichischen Jugendfreunde Manfred Tauchen, Wolfgang Ambros und Joesi Prokopetz ihr »Alpendrama« schufen. Seitdem ruft der Watzmann immer wieder erfolgreich: als Hörspiel, auf Schallplatte, als Film und Bühnenstück auf mehrfachen Tourneen. In München lief die Originalbühnenversion elf Jahre lang, bis sie im August 2011 erstmals nach Wien kam.

Das nicht ganz ernst gemeinte »Rustical« dreht sich um das Schicksal eines Bergbauern, seines Sohnes und des Gesindes. Alle fürchten sich vor dem Berg, der sie ruft. Der Sohn erliegt der Verlockung, den Watzmann zu besteigen (und der Hoffnung, damit die schöne Gailtalerin zu beeindrucken) – und stürzt ab.

In der Filmversion kehrt der Bergbauer lebend vom Berg zurück und baut mit der Gailtalerin ein riesiges Skizentrum auf. Vom Watzmann hat er sich befreit, doch dafür ist er in die Fänge der Bank geraten. Fragt sich, was besser ist …

96 Wege

Oder : Worauf wir gern treten

Pfade, → *Steige*, Wander- und Bergwege sind mit Wegzeichen markierte Fußwege, die über interessante Strecken oder zu einem klar definierten Ziel führen. Die Wegmarkierungen, oft farbige Symbole, geben die Richtung vor, Wegweiser mit Entfernungsangaben und Übersichtstafeln erleichtern die Orientierung im → *Gelände*. In Naturschutzgebieten oder → *Nationalparks* haben markierte Wege Lenkungsfunktion und umgehen ökologisch sensible Gebiete.

Im Gegensatz zur Schweiz mit ihrem über alle Kantone einheitlich markierten Wegenetz werden Wanderwege in Deutschland regional ausgewiesen. Viele der von → *Wandervereinen* gepflegten und markierten Wege, vor allem bekannte Fernwanderwege, haben eigene Symbole, z. B. eine liegende Raute. Die meisten Wanderwege sind als Strecken- oder Rundwanderwege angelegt. Außerdem gibt es Themenwege, zu denen Naturerlebnispfade, Barfuß- oder Wattwanderwege zählen, und zertifizierte Wanderwege (→ *Prädikatswanderwege*).

Verschiedene Schwierigkeitsbewertungen

Die Schwierigkeit eines Weges zu bewerten, um eine den eigenen Fähigkeiten entsprechende Tour planen zu können, ist ganz besonders beim

Bergwandern in den Alpen wichtig, wo die Alpenvereine für die Wege zuständig sind.

Der Schweizer Alpenclub SAC hat dafür 2002 die SAC-Berg- und Alpinwanderskala erarbeitet, die Wanderwege in sechs Grade einteilt, von T1 bis T6 (»T« steht für »Tourism«).

Für sein Tätigkeitsgebiet in den Ostalpen hat der → *DAV* 2006 Wegekategorien entwickelt und unterscheidet zwischen gelb markierten Talwegen, die überwiegend breit sind, in der Regel nur eine geringe Steigung und keine absturzgefährlichen Passagen aufweisen, und Bergwegen, die – analog der dreiteiligen Schwierigkeitsklassifizierung von Skipisten – in Blau (= T1–T2), Rot (= T2–T3) und Schwarz (= T4–T6) eingeteilt werden. Diese Klassifizierung bezieht sich jeweils auf die schwierigste Stelle eines Bergwegs und setzt gute Wetterverhältnisse und einen guten Wegezustand voraus:

- Blau markiert sind einfache Bergwege, die überwiegend schmal sind, auch steil angelegt sein können und in der Regel keine absturzgefährlichen Passagen aufweisen.
- Rot markiert sind mittelschwere Bergwege, die überwiegend schmal sind, oft steil angelegt und absturzgefährliche Passagen aufweisen; zudem können kurze versicherte Gehpassagen (z. B. Drahtseil) und/oder kurze einfache Kletterstellen vorkommen, die den Gebrauch der Hände erfordern.
- Schwarz markiert sind schwere Bergwege, die schmal sind, oft steil angelegt und absturzgefährlich; versicherte Gehpassagen und/oder einfache Kletterstellen, die den Gebrauch der Hände erfordern, kommen gehäuft vor.

Die DAV-Bergwandercard fasst alle relevanten Informationen zusammen, vergleicht auch die unterschiedlichen regionalen Kategorien und unterstützt die Selbsteinschätzung – auf www.alpenverein.de kann man sie herunterladen.

97 Wein(berg)wandern

Oder : Genusswandern mit Verkostungsoption

Zum entspannt-interessierten Wandern gehört auch das Eintauchen in die regionale Kultur mit ihren gastronomischen und kulinarischen Besonderheiten. In den deutschen Weinanbaugebieten funktioniert diese Kombination besonders gut. Aus klimatischen Gründen wird der Wein vor allem in Weinbergen entlang von Flüssen wie Ahr, Mosel, Rhein, Main, Saale und Unstrut angebaut. Diese Steillagen bedeuten für die Winzer im Vergleich zu flachen Weingärten deutlich mehr Arbeit, für Wanderer sind sie dagegen sehr reizvolle Ziele.

Es gibt ein vielseitiges Angebot von öffentlich veranstalteten Weinwanderungen oder Weinwandertagen, die örtliche Touristikverbände, Winzergenossenschaften oder Weingüter oft im Mai/Juni und von August bis Oktober anbieten. Meist geht es auf ausgeschriebenen Routen von bis zu 15 Kilometern Länge durch die lokalen Weinberge, inklusive geselligem Wein- und Spezialitäten-Verkosten an mehreren Stationen. Reizvolle Ausblicke über die Weinberge gehören ebenso dazu wie informative Erläuterungen und Einblicke in den Weinanbau der Region (Infos zu diesen Angeboten unter www.weinwanderung.net).

MITTELRHEIN: Im UNESCO-Welterbe zwischen Bingen/Rüdesheim und Koblenz liegen Weinberge beidseits von »Vater« Rhein. Hier geht es von den Weinorten auf die Rheinhöhe mit herrlicher Aussicht auf Burgen und das Rheintal.

MAINFRANKEN: Der »Abt-Degen-Weintal-Weg« bietet Radfreunden auf 82 Kilometern Strecke Einblicke in die drei Landschaften Maintal, Haßberge und Steigerwald. Im alten Weinort Randersacker südlich von Würzburg informiert der Weinlehrpfad über Wein und Region; Höhepunkt ist der Museumsweinberg »Altfränkischer Wengert«, in dem Wein noch in Handarbeit angebaut wird.

SAALE-UNSTRUT-REGION: Im nördlichsten Qualitätsweinanbaugebiet Deutschlands sind malerische Flusstäler, imposante Steilterrassen und alte Gutshöfe typisch. Die bekannte Rotkäppchen-Kellerei passiert man auf dem »Unstrut-Wanderweg«. Zeugnisse der deutschen Romantik erlebt man in Burgen, Klöstern und historischen Stadtzentren (Infos unter www.saale-unstrut-tourismus.de).

KAISERSTUHL: Im badischen Rheintal wandert man am »Kaiserstuhlpfad« ganzjährig durch die reizvolle Landschaft des bekannten Weingebiets. Von der höchsten Erhebung, dem 557 Meter hohen Totenkopf, blickt man weit über die Rheinebene – und bis in die Alpen.

SÜDTIROL: Südlich des Brennerpasses ist das »Törggelen«, also das Verkosten des neuen Weins im Herbst, bei Einheimischen und Gästen sehr beliebt. Der »Keschtnweg« (➜ *Südtirol*) eignet sich perfekt dafür, und in Südtirols Süden kann man auf der »Südtiroler Weinstraße«, dem »Kurtatscher Weinlehrpfad«, dem »wein.weg« am Kalterer See oder dem »Albrecht-Dürer-Weg« in Salurn wandern und Wein genießen.

Weit-Weg-Wandern

Oder ⫶ Zu Fuß die Welt entdecken

98

Wer passionierter Wanderer ist, plant seine Lieblings-Freizeitbeschäftigung oft auch in der vermeintlich schönsten Zeit des Jahres ein – im Urlaub. Wanderreisen sind beliebt und bringen weltweit Naturgenuss zu Fuß – wenn man erst einmal am Ziel seiner Sehnsüchte angekommen ist. Dass dies fast ausschließlich mit dem Flugzeug und damit unter maximalem CO_2-Ausstoß pro Reisekilometer geschieht, ist in Zeiten des ➜ *Klimawandels* ein echter Wermutstropfen. Wer verantwortlich fühlt und lebt, wird überlegen, für welchen Zweck, wohin, wie oft und für welche Zeitdauer er Flugreisen unternimmt (➜ *Anreise*).

Andererseits gelten gerade Wanderreisen als sanfte, ökologisch vertretbare Urlaubsform, wenn sie im Zielland engagiert den bereichernden Austausch mit der lokalen Kultur suchen und der einheimischen Bevölkerung zu einer würdigen, möglichst dauerhaft-tragenden Einkommensquelle verhelfen. Einige spezialisierte Reiseveranstalter sind sich ihrer »Corporate Social Responsibility« bewusst und bieten nachhaltige Wanderreisen an, immer mehr auch inklusive eines kompletten CO_2-Ausgleichs.

Wandern in den Bergen der Welt

Was sich aus heutiger Sicht so komplex-ambivalent darstellt, entwickelte sich vor etwa 50 Jahren als Trekking (»trek« = anstrengender Marsch), als »Wandern in den Bergen der Welt«: Erste Trekking-Gruppen begannen auf tage- bis wochenlangen Durchquerungen meist wilde Landschaften aus eigener Kraft zu entdecken. Klassische Zelttrekkings etablierten sich im Himalaya und in den Anden, wobei die Trekker ihre Ausrüstung – Zelt, Isomatte, Kocher, Verpflegung – in riesigen, schweren Rucksäcken mit sich trugen (soweit nicht bereits Träger oder Mulis beim Transport halfen).

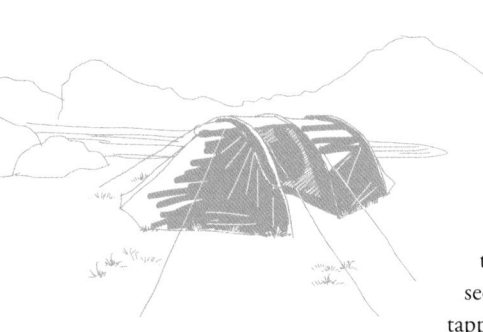

Heute geht es auf einem Lodgetrekking deutlich komfortabler zu – man übernachtet in festen Gebäuden bei einheimischen Wirten, und der Gepäcktransport ist meist organisiert. Dennoch belasten Trekkingtouren durch oft sechs- bis achtstündige Tagesetappen mit deutlichen Höhenunterschieden, und das in teilweise bis über 5000 Meter Höhe. Derartige »Weit-Weg-Wanderungen« wird man nur gut ausgerüstet, fit und kundig geführt genießen können.

Klassische Ziele von Nepal bis Afrika ...

Nepal ist nach wie vor das Trekkingland schlechthin, mit guter Infrastruktur, freundlichen Menschen und großartiger Landschaft. Bekannt sind die Trekkings zum Basecamp des Mount Everest, die Runden um die Achttausender Annapurna und Manaslu oder um den heiligen Berg Kailash in Tibet.

Auch die Hochflächen von Peru (»Inka-Trail«) oder Ecuador und Bolivien erlauben eindrucksvolle Trekkings, ebenso Patagonien mit den argentinischen Nationalparks Los Glaciares oder dem »Torres-del-Paine-Circuit«.

Die USA bieten großartige Wandermöglichkeiten, z. B. auf dem »Appalachian Trail« im Osten, dem »John Muir Trail«, dem »Pacific Crest Trail«, der »Yosemite Grand Traverse« oder der »Rim to Rim-Wanderung« im Grand Canyon; ins Grenzgebiet Alaska/British Columbia (Kanada) führt

WEIT-WEG-WANDERN

der wilde »Chilkoot Trail«, während der »Westcoast-Trail« als härtester Trail Nordamerikas der kanadischen Pazifikküste von Vancouver Island folgt.

In Tansania zieht der 5895 Meter hohe Kilimandscharo jährlich Tausende Besucher magisch an. Auf den höchsten Gipfel Afrikas und gleichzeitig größten frei stehenden Berg der Welt führen mehrere geführte Routen in fünf bis sechs Tagen durch fünf Klimazonen.

Gemächlicher geht es z. B. auf der »Rota Vicentina« an Portugals Südwestküste zu oder auf dem »Lykischen Weg« oder dem »Paulusweg« im Süden der Türkei. Und im Nahen Osten verlockt das Königreich Jordanien zum Wüstenwandern in der einzigartigen antiken Felsenstadt Petra oder in der grandiosen Weite des Wadi Rum.

... und durch den kühlen Norden

Wer lieber durch kühle nordische Wildnis wandert, wird in Island fündig, auf dem »Laudavegur«, dem »Weg der heißen Quellen«, der in acht Trekkingtagen lebendige Geologie, großartige Ausblicke und eine unglaubliche Landschaftsvielfalt präsentiert.

In Skandinaviens Weiten finden Wildnisliebhaber weitere lohnende Ziele: der »Kungsleden« (Königsweg) im schwedischen Lappland ist legendär, und im benachbarten Finnland führt die beliebte »Bärenrunde« durch den Oulanka-Nationalpark und in Norwegen wandert man auf dem Olavsweg von Oslo nach Trondheim.

Wo immer man sich darauf einlässt, aus eigener Kraft unterwegs zu sein, kann man sich die Empfehlung von Sir Edmund Hillary, dem ersten westlichen Bergsteiger auf dem Everest, zu Herzen nehmen: »Hinterlasse nichts außer deinen Fußspuren!«

Wetterinfos

99

Oder : Irgendein Wetter gibt es immer

»Es gibt kein schlechtes Wetter, nur ungeeignete Kleidung«, lautet der geflügelte Spruch hartgesottener Wanderer, die auch bei Sauwetter auf Tour gehen (oder zumindest so tun, als würde ihnen schlechtes Wetter nichts ausmachen).

Auf jeden Fall spielt das Wetter eine entscheidende Rolle, wenn man »outdoor« unterwegs ist, und Wetterinfos frühzeitig und regelmäßig einzuholen, gehört unbedingt zur → *Tourenplanung:* Ein Regenschauer zwischendurch wird niemandem schaden, doch beim Bergwandern sollte man nicht von einer Kaltfront oder einem Gewitter überrascht werden, und wenn man einen Fernwanderweg unter die Füße nimmt und die Langfrist-Prognose mau aussieht, wird man die Tour vielleicht lieber umplanen statt tagelang durch Regen zu marschieren ...

Dichtes, weltumspannendes Wetterstationsnetz

Wetter entsteht als komplexer Vorgang in der Atmosphäre und basiert letztlich auf den physikalischen Gesetzen der Thermo- und Strömungsdynamik, nach denen sich Luftmassen unterschiedlicher Temperatur verhalten. Die Wetterprognosen basieren auf den Datensätzen eines dichten, weltumspannenden Wetterstationsnetzes und werden zu numerischen Wettermodellen hochgerechnet. Meteorologen werten diese Modelle aus, lassen ihre langjährige Erfahrung in die Interpretation einfließen und treffen so Aussagen zur erwarteten Wetterentwicklung.

Wetterinformationen lassen sich auf den einschlägigen Webseiten für unterschiedliche Regionen und Aktivitäten ziemlich detailliert einsehen – fürs Bergwetter empfiehlt sich die Vorhersage der Zentralanstalt für Meteorologie und Geodynamik (ZAMG) in Innsbruck, die z. B. auf www.alpenverein.de/bergwetter ausgespielt wird. Auf drei, vier Tage im Voraus sind die Prognosen relativ verlässlich, wobei die Verlässlichkeit für Punktprognosen geringer ist als für Regionen. Gerade örtliches Wetter ist oft besser als vorausgesagt.

Buchtipp

Dr. Karl »Charly« Gabl ist einer der bekanntesten Berg-Meteorologen, dessen persönliche Beratungen viele Topleistungen an den Bergen der Welt ermöglicht haben, etwa von Gerlinde Kaltenbrunner oder den »Huberbuam«. Seine jahrzehntelange Erfahrung bündelte er im Buch »Bergwetter« (Bruckmann Verlag).

WETTERINFOS

Winterwandern

100

Oder : Wenn die Wege weiß werden

Wer keinen Wintersport treibt, mutiert während der kalten Jahreszeit oft zum saisonalen Couchpotatoe – oder zum Winterwanderer. Dann wird er durch eine stille, weiße Winterwunderlandschaft streifen, verschneite Wälder, zugefrorene Seen und Bäche passieren, glitzernde Schneekristalle bewundern – und dabei Kreislauf und Körper in Schwung bringen. Mittlerweile weisen viele Regionen spezielle Winterwanderwege aus, und auch passende Literatur gibt es reichhaltig, sodass man sich über Strecke, Länge, Schwierigkeit, Höhenmeter und Einkehrmöglichkeiten (viele Hütten sind auch im Winter geöffnet) informieren kann. Beachtet man einige Tipps, steht dem Winterwanderspaß nichts im Weg.

So macht Winterwandern Spaß

- Im Winter packt man sich dicker ein als im Sommer und setzt ebenso auf das Zwiebelprinzip (→ *Bekleidung*); bei großer Kälte helfen zwei Isolationsschichten; griffige, warme Handschuhe und Kopfbedeckung gehören dazu.
- Winterwanderstiefel sind stabil, warm (oft zusätzlich isoliert), mit einem hohen Schaft, einer wasserdichten, atmungsaktiven Membran und einer steifen, griffigen und tief profilierten Sohle (spezielle Wintersohlen geben dank winziger eingearbeiteter Glaspartikel oder Spikes auch auf Glatteis einigermaßen Halt).
- Vereiste Wegpassagen umgehen oder mit Grödel entschärfen (die leichten »Teil-Steigeisen« helfen bei Eisglätte); in tieferem Schnee halten Gamaschen Schnee und Nässe von den Schuhen (und Hosenbeinen) fern.
- Wanderstöcke mit großen Tellern erleichtern das Spuren im Schnee und verbessern die Standfestigkeit; eine Thermoskanne mit heißem Tee und

eine kleine Brotzeit gehören in den Rucksack, ebenso Wechselwäsche und eine starke Stirnlampe mit funktionierender Batterie.

- Wintertage sind kurz, deshalb früh aufbrechen (→ *Gehzeiten*); bei hoher Schneelage können Markierungen verdeckt sein (Wanderkarte/GPS-Gerät mitnehmen); auf das Wetter achten – starke Schneefälle erschweren die Orientierung und machen leichte Wanderungen schnell anspruchsvoll.
- Wo Schnee ist, kann es auch Lawinen geben; nach starken Schneefällen und bei hoher Sonneneinstrahlung heißt es in Bergregionen den Lawinenlagebericht studieren, auf Nummer sicher gehen und im Zweifelsfall aufs Wandern verzichten.
- Ist die Schneelage zu hoch zum Wandern, helfen Schneeschuhe; zieht man einen Schlitten mit, belohnt eine rasante Abfahrt den Aufstieg (→ *Rodeln*).

101 Zugspitze

Oder : Höher geht's nicht im deutschen Land

Keine 50 Meter fehlen ihr zum Dreitausender, doch auch mit 2962 Metern Höhe ist die Zugspitze ein außergewöhnlicher Berg. Sie überragt alle anderen Gipfel des Wettersteingebirges zwischen Ehrwald, Garmisch-Partenkirchen und Mittenwald und teilt ihren Gipfelbereich mit Tirol. Bis zu 4000 Besucher täglich gondeln mit drei Seilbahnen auf die höchste Erhebung Deutschlands. Sie finden auf der Karst-Hochfläche des Zugspitzplatts und im hoffnungslos zugebauten Gipfelkomplex mit Bergstationen, Wetterwarte, Sendeanlagen, Restaurants und der Berghütte Münchner Haus rund ums Jahr viele Angebote für ihren Bergausflug. Im Zugspitzgebiet liegen drei stark abschmelzende Gletscher: der Höllentalferner am Fuß der Nordflanke und die beiden Schneeferner auf dem Platt – über Letztere wedeln im Winter Skifahrer und cruisen Snowboarder.

Übers Reintal oder den »Stopselzieher«

Historikern zufolge könnte die Zugspitze von Hirten, Jägern oder Schmugglern schon früher bestiegen worden sein – als offizielle Erstbesteigung gilt jedoch der Gipfelgang des bayerischen Leutnants Josef Naus mit seinem Gehilfen Maier und dem Bergführer Johann Georg Tauschl am 27. August 1820. Der gelernte Vermessungsingenieur arbeitete für das »Königlich Bairische Topographische Bureau« am »Atlas von Bayern«.

Naus' Route über das Reintal ist nach wie vor der leichteste (schwarz, KS A), aber auch der längste von drei üblichen Aufstiegen: Vom Skistadion von Garmisch-Partenkirchen führt er durch die Partnachklamm entlang der Partnach ins Reintal und über die Reintalangerhütte und die Knorrhütte aufs Zugspitzplatt, von wo aus schließlich der versicherte Westgrat zum Gipfel leitet.

Auch der kürzeste, direkteste Aufstieg vom Eibsee oder von Ehrwald über die Wiener-Neustädter Hütte und das österreichische Schneekar mit dem »Stopselzieher« (schwarz, KS A) erreicht den Westgrat.

Höllental und Jubi-Grat

Der vielseitigste, aber auch anspruchsvollste Anstieg beginnt in Hammersbach und führt von Norden über das Höllental zum Gipfel (schwarz, KS C). Nach der Höllentalklamm gelangt man zum Standort der Höllentalangerhütte, die als moderner Holzbau 2014/2015 neu errichtet wurde. Über die »Leiter« und das »Brett« steigt man zum »Grünen Buckel« auf und erreicht den Höllentalferner. Nach der kurzen Gletscherbegehung bringt die sich ständig verändernde Randkluft oft Schwierigkeiten beim Übergang zum Klettersteig, der die letzten etwa 500 Höhenmeter zum höchsten Punkt mit dem goldenen Kreuz überwindet. Diese landschaftlich ungemein beeindruckende Tour über 2200 Höhenmeter bleibt erfahrenen Bergsteigern vorbehalten.

Nur für besonders versierte Alpinisten eignet sich der fünf Kilometer lange Verbindungsgrat zwischen Zug- und Alpspitze, der Jubiläumsgrat (WS, III, KS D). Die hochalpine Gratüberschreitung gehört zu den großartigsten, aber auch anspruchsvollsten klassischen Bergtouren im bayerischen Alpenraum, führt sie doch über weite Strecken ungesichert durch ausgesetztes und absturzgefährliches Gelände.

Register

Impressum

Verantwortlich: Stefanie Krüger
Redaktion: Anette Späth
Layout: Eva-Maria Klaffenböck
Illustrationen: Tilman Leher
Herstellung: Alexander Knoll
Printed in Slovenia by Florjancic

★ ★ ★ ★ ★

Sind Sie mit diesem Titel zufrieden? Dann würden wir uns über Ihre Weiterempfehlung freuen.
Erzählen Sie es im Freundeskreis, berichten Sie Ihrem Buchhändler, oder bewerten Sie bei Onlinekauf.
Und wenn Sie Kritik, Korrekturen, Aktualisierungen haben, freuen wir uns über Ihre Nachricht an Bruckmann Verlag, Postfach 40 02 09, D-80702 München oder per E-Mail an lektorat@verlagshaus.de.

Unser komplettes Programm finden Sie unter 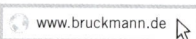 www.bruckmann.de

Alle Angaben dieses Werkes wurden von den Autoren sorgfältig recherchiert und auf den neuesten Stand gebracht sowie vom Verlag geprüft. Für die Richtigkeit der Angaben kann jedoch keine Haftung übernommen werden. Sollte dieses Werk Links auf Webseiten Dritter enthalten, so machen wir uns die Inhalte nicht zu eigen und übernehmen für die Inhalte keine Haftung.

In diesem Buch wird aus Gründen der besseren Lesbarkeit das generische Maskulinum verwendet. Weibliche und anderweitige Geschlechteridentitäten werden dabei ausdrücklich mitgemeint, soweit es für die Aussage erforderlich ist.

Bildnachweis

Vordere Umschlaginnenseite: Blick auf die Tofana di Rozes in den Dolomiten (Tampa/shutterstock.com)
Hintere Umschlaginnenseite: Die Bastei (nikdesignt/shutterstock.com)
Autorenfoto Andreas Dick: Christian Pfanzelt

Empfehlung der Redaktion

Sie sind auf der Suche nach weiterführender Literatur? Dann empfehlen wir Ihnen den Titel »101 Dinge, die ein Fernwanderer wissen muss« von Susi Reiser. Oder Sie werfen einen Blick in die Zeitschrift BERGSTEIGER. Hier werden Sie bestimmt fündig.

Die Deutsche Nationalbibliothek verzeichnet diese Publikation in der Deutschen Nationalbibliografie; detaillierte bibliografische Daten sind im Internet über http://dnb.d-nb.de abrufbar.

4. aktualisierte Auflage
© 2022, 2019, 2014 Bruckmann Verlag GmbH, Infanteriestraße 11a, 80797 München

ISBN 978-3-7654-5931-3